慶應義塾大学東アジア研究所
現代韓国研究シリーズ

日韓政治制度比較

康元澤・浅羽祐樹・高選圭 編著

慶應義塾大学出版会

はしがき

　本書は、慶應義塾大学東アジア研究所現代韓国研究センターが実施した日韓共同研究プロジェクト「日韓政治制度比較」の成果である。センターではこれまでに「現代韓国研究シリーズ」として、春木育美・薛東勲編『韓国の少子高齢化と格差社会』(2011 年)、小此木政夫・文正仁・西野純也編『転換期の東アジアと北朝鮮問題』(2012 年) を刊行しており、本書がシリーズ 3 冊目となる。

　「日韓政治制度比較」プロジェクトでは、日韓両国の政治学界で活躍する若手・中堅研究者 10 名が約 2 年間にわたって東京・ソウルを行き来しながら研究会を開催し、共同研究を進めてきた。議会と政党組織、分割政府、執政中枢部、選挙制度、中央・地方関係の 5 つの研究ユニットを設定し、日韓のメンバー間で真摯な議論と研究交流を深めてきた。プロジェクト・メンバーによる研究会だけではない。2011 年 1 月には本プロジェクト主催の公開シンポジウム (東京)、同年 8 月には韓国政治学会主催「韓国政治世界学術大会」(韓国・仁川にて開催) での日韓合同セッションの企画・実施を通じて、メンバー以外の研究者とも意見交換、研究交流の機会を持つことができたのは幸いであった。

　本共同研究プロジェクトでは多くの方々、関係機関にお世話になった。韓国国際交流財団と国際交流基金 (日本) からの研究助成により、プロジェクトの実施と書籍の出版が可能となった。寛大な支援に対して御礼申し上げる。プロジェクトの運営、特に研究会やシンポジウム準備、出張手続きでは慶應義塾大学東アジア研究所および現代韓国研究センターの方々に多大な尽力をいただいた。また、本書の刊行にあたり慶應義塾大学出版会には様々なご苦労をおかけした。そのほかにもたくさんの方々にご協力いただいた。すべて

の皆様に対して、ここに改めて感謝の意を表する。

2015年3月

編者一同

目　次

　　はしがき　　i

序　論　　康元澤・浅羽祐樹・高選圭　1
　Ⅰ　体制と政策課題を共有する日韓　1
　Ⅱ　日韓政治制度比較の意義　3
　Ⅲ　日韓政治制度の概要　6
　Ⅳ　各論文の位置づけ　8

第1章　政党の一体性はいかにして確保されるのか
　　　　──政治制度分析による日韓比較　　田眞英・待鳥聡史　13
　はじめに　13
　Ⅰ　政党の一体性とは何か　15
　　1　合理的選択としての政党　15
　　2　政党への比較政治制度論アプローチ　16
　　3　一体性・規律・凝集性　17
　　4　一体性の規定要因──本章の基本仮説　18
　Ⅱ　日本における政党の一体性　19
　　1　選挙制度　19
　　2　執政制度　20
　　3　政党内部のイデオロギー的同質性　21
　　4　作業仮説　22
　　5　一体性の程度　23
　Ⅲ　韓国における政党の一体性　26
　　1　選挙制度　26
　　2　執政制度　28
　　3　イデオロギー的同質性　29
　　4　作業仮説　31

5　一体性の程度　32
　　おわりに——知見と展望　38

第2章　分割政府の日韓比較　　　　　　　　　康元澤・浅羽祐樹　43
　はじめに　43
　Ⅰ　分割政府とは何か　45
　　1　定義　45
　　2　時期別の類型　46
　Ⅱ　なぜ分割政府が問題なのか　53
　　1　日本の事例　53
　　2　韓国の事例　58
　Ⅲ　分割政府の政治的帰結　63
　　1　日本の事例　63
　　2　韓国の事例　69
　おわりに　75

第3章　執政中枢部に関する日韓比較　　　　　賈尙埈・西野純也　81
　はじめに　81
　Ⅰ　分析の枠組み　83
　Ⅱ　執政長官の制度的基盤　86
　　1　執政長官の憲法上の制度基盤　86
　　2　内閣の構成　88
　　3　直属スタッフ組織の整備　93
　Ⅲ　議会との関係　97
　Ⅳ　官僚との関係　103
　おわりに　107

第4章　日韓比較を通じた選挙制度の政治的影響の検証
　　　　——経路依存・代表性・政治意識　趙眞晩・飯田健　111
　はじめに　111
　Ⅰ　日本と韓国の1人2票制導入の背景と効果　114

1　理論的検討　115
        2　1人2票制導入の背景と過程　118
        3　1人2票制導入の政治的効果　122
        4　小括　133
    II　選挙制度と「敗者の同意」　134
        1　選挙結果と民主主義の安定性　135
        2　理論と仮説　137
        3　リサーチデザイン　140
        4　結果　142
        5　小括　144
    おわりに　146

第5章　日韓両国における首都機能移転をめぐる政治過程
　　　　　　　　　　　　　　　　　　　　　　　高選圭・辻陽　153
    はじめに　153
    I　首都機能移転に関する先行研究　154
    II　本章の理論枠組み――比較政治制度論の応用　157
        1　本章の理論的前提　157
        2　垂直的関係と水平的関係　159
    III　首都機能移転をめぐる政治過程　168
        1　日本の首都機能移転をめぐる政治過程　168
        2　韓国の首都機能移転をめぐる政治過程　174
        3　分析　176
    おわりに　179

索　引　183
執筆者紹介　185

序　論

康元澤・浅羽祐樹・高選圭

I　体制と政策課題を共有する日韓

　日本が東アジアの中で最も長い間持続し最も優れた民主主義体制であることは、どの指標で見ても間違いないが、韓国もほぼ同じ水準を示している（Freedom House 2015；Center for Systemic Peace 2014；Economist Intelligence Unit 2015）。民主化の「第三の波」から四半世紀が経過したが、韓国でも台湾と同じように定期的に実施される選挙で与野党間の政権交代がすでに2回実現し、新興民主主義体制が完全に定着した成功例である。かつては政治体制が異なっていたが、日韓ともに今では、「東アジアにおける比較可能な民主体制の組み合わせの1つ」（Park 2012：4）になった。しかし唯一というわけではない。

　同時に、そうした体制を担保する言論の自由について、「国境なき記者団」の指標では、日韓両国とも近年低下傾向で、2014年はそれぞれ世界全体で59位と57位と中位圏にすぎず、「顕著な問題（noticeable problems）」があると指摘されている（Reporters Without Borders 2014）。このように、日韓は自由民主主義体制を共有しているものの、共通した問題も抱えている。

　「韓国は、我が国と、自由と民主主義、市場経済等の基本的価値を共有する重要な隣国」（外務省ウェブページ「大韓民国基礎データ」）というのが日韓関係に対する日本政府の公式見解だった。「基本的価値の共有」を明記しているのは、アジア大洋州ではほかにニュージーランドだけである。韓国に関

して「外交青書」に明記されたのは日韓国交正常化40周年（2005年）を前後した時期で、「民主主義、市場経済」（2004年）に続いて「自由」（2007年）も例示され、それ以来踏襲されてきた（外務省ウェブページ「外交青書」各年度版）*。

小此木政夫は1965年の国交正常化以降の日韓関係の性格について、40周年の2005年に、「体制摩擦」から「体制共有」へ、そして「意識共有」へ、と時期区分をしたことがある（小此木 2005）。「嫌韓流」が巷間で取りざたされたのはちょうどこの年だが、内閣府が毎年行っている世論調査では、1999年から2011年まで13年間、韓国に対して「親しみを感じる」日本人の割合は「親しみを感じない」を上回っていた（内閣府ウェブページ「外交に関する世論調査」各年度版）。しかし、李明博前大統領が竹島に上陸した2012年にそれぞれ20ポイント以上変動して逆転し、悪化したままである。50周年を迎えた今日、再び「体制摩擦」や「意識離反」、より正確には「体制をめぐる意識の離反」が目立っている。

言論NPOと東アジア研究院という日韓それぞれのシンクタンクが2014年7月に共同で実施した第2回日韓共同世論調査によると、日韓両国民は相手国の社会・政治体制のあり方について互いに「異質なもの」として認識している。韓国人の半数は日本が「軍国主義」だと認識している反面、日本人も4割が韓国は「民族主義」だと認識している。共有しているはずの「民主主義」や「自由主義」という回答は、両国ともそれぞれ2割程度、1割程度にすぎない（言論NPOウェブページ）。

安倍晋三首相と朴槿恵大統領は2012年12月と2013年2月に相次いで就任して以来、単独では一度も首脳会談を行っていないという異例の関係を続けている。一般には、両者の祖父や父同士の関係にまで遡る政治指導者個人の属人的な要素でもって、今の日韓関係について説明しようとする向きも少なくないが、内政では先進国に特有の「憂鬱」（大西 2014）な政策課題を共有していることに注目したい。その中でも特に、低成長時代において少子高齢化による社会福祉の負担増の必要性は客観的には明らかであるが、政治的なリスクが伴うため、どの政権も問題解決の先送りを続けている。

事実、安倍首相は民主党政権期に自民党や公明党も含めてようやく合意し

た消費増税を延期し、その是非を問うとして2014年12月に衆議院を解散したが、予定どおりの増税を訴える政党がない中で自公合わせて再び3分の2を超える議席を獲得することで信任を得たと主張している。朴大統領も、「普遍的な」国民基礎年金制度の確立に取り組んだが、「増税なき福祉」という選挙公約を重視し、適用範囲と支給水準を「選別」するしかなかった。むしろ次期総選挙（2016年4月）まで残り1年という時点で、野党・新政治民主連合だけでなく与党セヌリ党の執行部からも、「福祉拡充のための増税」という声が挙がっているのが日本とは異なる点である。

　もちろん、日韓の間にはそもそもの福祉の水準や財政健全性に顕著な差があるため、福祉と税負担の関係について単純に比較することはできないが、共通した課題に対して採りうる政策選択の幅（policy space）がますます限られていくのは同じである。たとえ公共政策に「解決策／正解（solution）」があるとしても、それが政治的な「落としどころ／均衡解（equilibrium）」にならなければ、課題解決はいつまでも先送りにされ続けるというわけである。逆にいうと、問題解決の先送りという「不正解」も別のかたちの「均衡解」であるがゆえに、「現状（status quo）」として持続してきたのである。政治制度に注目した日韓比較研究はまさにこの「均衡解」について、「制度的均衡（institutional equilibrium）」という観点からアプローチするものである。

Ⅱ　日韓政治制度比較の意義

　日韓共同研究の先駆例として、日韓歴史共同研究、日韓新時代共同研究プロジェクト、日韓共同研究フォーラムの3つが代表的である。日韓歴史共同研究は両国の首脳間の合意にもとづき、2期（2002〜2005年と2007〜2010年）に及んで実施、報告書が公表された。共通の歴史認識が示されたわけではなく、相手国側の論考に対してそれぞれ批評文を付けるというスタイルであった（外務省ウェブページ「日韓歴史共同研究報告書（第1期）」；同「日韓歴史共同研究報告書（第2期）」）。日韓新時代共同研究プロジェクト（2009〜2010年）も両国の首脳間の合意にもとづくもので、「国際政治」「国際経済」「日韓関係」の3巻本として成果が示された（小此木・河2012a；小此木・河2012b；

小此木・河 2012c）。日韓共同研究フォーラムは 1996 年に始まり 3 期にわたって続き、人文学・社会科学を問わず幅広い分野で両国の研究者が結集し、21 冊もの成果（日韓共同研究叢書）につながった。いずれも日韓両方で刊行され、相互理解に資するものであったが、政府主導の企画で、個別の論文のコレクションという性格が強いことは否定できない。当時はそれだけ共同研究するということ自体が画期的だったということである。

　政治学に限定すると、これ以外にも個別の試みは間歇的に行われてきており比較を前面に打ち出したものもあるが（大西・建林 1998；中野・廉 1998；福井・李 1998）、2012 年に両国の政治学会が共同で編集した英文の単行本が画期的である（JPSA and KPSA 2012）。「政権交代と政党政治の変化」という共通のテーマのもと、選挙によって政権を担う代表者を（二大）政党間で交代させることで民主的応答性の連鎖を確保しているという代議制民主体制の擬制に関して、有権者から政党へ、政党から政策へ、政策から有権者へというそれぞれの次元で検証している。とはいえ、同書は日韓別々に編集され、それぞれ自国政治を論じるという構成になっていて、研究者本来の専門分野とは逆になっている場合もある。しかも、「政治的困難に直面する中で、政治学に期待される役割がますます重要になっていて、比較という観点を入れることは特に有用」（Sugita 2012）であるとされているが、「日韓『比較』」を明示的に謳っていない以上、なぜ「『日韓』比較」なのか、さらには、比較政治学はいかにして可能なのかについて、方法論的に明確でない（浅羽 2012）。

　政治学には「方法としての比較」が内在する以上、政治学の下位領域である比較政治学が成り立つためには、「対象としての比較」が重要である（建林・曽我・待鳥 2008：23-27）。本書では、執政制度、選挙制度、議会制度、政党制度、中央・地方間関係など政治制度を比較の対象として据えている。政治制度は政治家、政党、有権者など各アクターにインセンティブを付与することで、その相互間の関係を規定し、一定の帰結をもたらす。例えば、小選挙区制という選挙制度は、社会の多様性など他の条件が等しければ、二大政党制という政党システムをもたらすという見方である。もちろん、選挙区や国が異なれば社会の多様性も異なるため、その効果は一様ではない。しか

し、衆議院選挙や韓国総選挙など同じ選挙制度が用いられているものの政党制度に日韓間で相違がある場合、制度に着目することでむしろ、その効果もそれぞれの文脈も適度な比重で明らかにすることができる。韓国政治など地域研究ではこれまでアクターの個性や歴史など「特殊性」の文脈が重視されてきたが、本書では日本政治研究と同じ比較の地平に乗せることで、どこまでが制度による一般的な効果で、どこからが個性的な（idiosyncratic）文脈によるものなのか、弁別しようとする。

　それだけでなく、制度はこうした文脈や他の制度との関連の中で一定の政治的帰結をもたらし、その状態を持続させる効果がある。それを「制度的均衡（institutional equilibrium）」というが、だからこそ逆に、各アクターは自らに有利な制度はできるだけ維持しようとするし、不利な場合はそれを変えようとする。つまり、今ある制度とは何らかの均衡が成り立っているということであり、それを「均衡制度（equilibrium institution）」という。本書では主に制度的均衡の観点から制度を位置づけているが、いわゆる政治制度改革、すなわち「制度変化（institutional change）」を扱っている部分では、均衡制度の観点にも依拠している。

　日韓比較のように少数事例比較には、比較する事例の数（N）と説明変数の数（K）の間で $N-K-1>0$ という不等式が成立しなければならないという自由度の問題が不可避的に付随する（久米 2013：169-196）。Nを増やそうとするとKもそれに応じて増える反面、Kを減らそうとするとNも減るというトレード・オフがあり、因果関係の特定という政治学の存在理由に関わってくる。他方、方法論的問題によって研究テーマの設定そのものが矮小化されることも望ましくない。日韓は執政制度だけ見ればそれぞれ議院内閣制と大統領制で異なるが、日本も地方では二元代表制（大統領制）のため、分析レベルを変えることで制度の整合性をとりながら分析することができる。また、執政府長官と議会多数派の党派構成が異なる分割政府は、そもそも大統領制に関して提示された研究テーマだが、両院制議院内閣制に関しても「衆参ねじれ」を同じ枠組みに位置づけて、日韓を比較することもできる。さらに、衆議院と韓国総選挙のように、基本的には同じ小選挙区比例代表並立制という選挙制度だが重複立候補制の有無などディテールに相違がある場

合、Most Similar Systems Designs による比較も可能になる。このように、日韓比較を政治制度の観点から行うことで、少数事例比較に伴う自由度の問題とテーマ設定の矮小化というリスクの両方を避ける道筋が得られやすくなる。

さらに、政治制度の分析は、日韓それぞれがある状況において取りうる政治的選択、直面している政策課題への対応、その帰結に対する予測を可能にする。そうすることで、現在、膠着状況にある日韓関係を理解する手掛かりにもなるし、一方の政治的決定に対する他方の反応を予め踏まえて外交政策を選択することもできるようになる。また、互いに相手と照らし合わせることで、自らの行動や制度のあり方を省みることもできる。こういう意味で、日韓という組み合わせは、比較の「対象」であるだけでなく、それぞれの政治を映し出す「合わせ鏡／対照」としても位置づけることができる。

Ⅲ　日韓政治制度の概要

日韓の政治制度について、執政制度、執政・議会間関係、選挙制度、政党制度、中央・地方間関係の5つの観点から概観する。他にも、例えば司法制度は1票の格差の是正や在外投票の導入など選挙制度や政治的競争の条件を左右する重要な政治制度だが、今回、本書では取り扱っていない。

第1に執政制度である。日本は国民が国会議員を選出し、その国会で執政長官の首相が選出され、その信任がある限り存続するという議院内閣制である。地方では、都道府県でも市町村でも、住民が直接選出する首長（知事や市町村長）と議会が並び立ち、互いの存続を基本的には左右しないという二元代表制である。つまり、中央は議院内閣制であるが地方は二元代表制であり、政体の次元によって執政制度が異なっている。

韓国は大統領制であり、国民が議会と大統領の両方を選出し、それぞれの任期は5年と4年で固定されている。大統領が唯一の執政長官であるが、首相（国務総理）の存在や国会議員と閣僚（国務委員）の兼任など議院内閣制的要素が加味されている。地方でも、広域自治体（市道）と基礎自治体（市郡区）を問わず、首長と議会の成立と存続は相互に独立している。つまり、中央も地方も二元代表制で一貫している。

第2に執政・議会間関係である。日本は首相や内閣の成立や存続が両院制国会のうち第1院の衆議院にだけ依拠している憲法構造になっている。とはいえ、参議院の権限は首相指名以外では衆議院と事実上対等であり、かつ両院間で選好が一致しにくいため、強い第2院に該当する。二元代表制の地方では、首長と議会の間で選好が一致しにくいものの、権限配置は前者に偏重しているため首長のアジェンダが推進されやすい。

　韓国大統領の憲法権限は強いが、与党による議会支配と大統領による与党統制で構成される党派的権力は必ずしも担保されていない。大統領と議会の任期は各々5年と4年で、選挙は12月と4月に固定されている中で、大統領と議会多数派の党派構成が異なる分割政府が生じやすい。1期に限定されている大統領の任期末が近づくにつれ、与党統制が困難になる。地方は完全な統一地方選挙で首長は連任できるため、中央とは状況が異なる。

　第3に選挙制度である。衆議院と韓国国会の選挙制度は小選挙区比例代表並立制である。重複立候補制や復活当選の有無や、比例区が11ブロックに分かれているか全国で1つかなどディテールは異なるが、どちらも多国間比較において小選挙区の議席率が高い。

　それ以外の選挙制度は日韓で異なる。日本では、参議院はより比例性の高い混合型で、小選挙区制と中選挙区制、それに非拘束名簿式の比例代表制の混合である。地方では、首長選挙は相対多数制である反面、議会選挙は基本的に大選挙区制である。つまり、選挙制度も中央・地方間で一貫していない。

　他方、韓国では、首長選挙は中央も地方も決選投票のない相対多数制で一貫していて、議会選挙も一部比例代表制や中選挙区制を伴っているとはいえ、地方も比例性の低い小選挙区制偏重で一貫している。

　第4に政党制度である。政党システムは、日韓とも小選挙区偏重の並立制ゆえに、デュベルジェの法則どおり二大政党制の傾向が見られる。もちろん、日本の場合、自民党が衆参両院で圧倒しているが、「野党再編」「候補者の一本化」が両国で常に焦点になるのは二大政党間の対立構図が制度的に誘引されているからである。韓国では地域ごとに支持政党が異なる現象が見られたが、近年地域間のリンケージや政党集約が進み、政党・政党システムの全国化が見られる。

政党の一体性は執行部による規律と議員間のイデオロギー的な凝集性によって担保されているが、議院内閣制の日本、特に首相が解散権を有する衆議院はもちろん、大統領制の韓国においても高いのが特徴的である。議員の閣僚（首相を含む）任命という議院内閣制的要素は大統領が与党議員を統制する手段であるし、小選挙区や拘束名簿式比例代表の公認権を掌握することで執行部は一般議員を統制している。

　第5に中央・地方間関係である。日韓ともに地方はそれぞれ都道府県と市町村、広域自治体（市道）と基礎自治体（市郡区）という2層になっていて、中央も含めた3層構造の単一国家である。中央・地方間の権限や財源は両国とも従来「3割自治」と形容されるほど中央に偏重していたが、近年地方への移譲が進んだものの、その程度には日韓間や地方自治体間でも差がある。

　権限のほかに、選挙サイクルも中央・地方間関係に影響を及ぼす。日本では統一地方選挙とはいえ統一率が年々低下していて、地方自治体ごとに選挙サイクルが異なる。そのため、国政との関連よりも各地方の事情が選挙結果を左右しやすい。他方、韓国では、首長も議会も、広域自治体も基礎自治体も、地方選挙は4年に1回完全に統一して実施されている。そのため、国政に対する中間評価になりやすく、ナショナル・スイングが作用しやすい。その結果、地方は中央に連動した選好を有することになる。

　以上、執政制度、執政・議会間関係、選挙制度、政党制度、中央・地方間関係の5つの観点から日韓の政治制度について概観してきたが、最後に個別の政治制度ではなくマルチレベルの政治制度全体の特徴を指摘する。日本は制度間に整合性がなくインセンティブが拡散しやすいのに対して、韓国は比較的制度間に整合性があるためインセンティブ構造が収斂しやすい。

Ⅳ　各論文の位置づけ

　第1章「政党の一体性はいかにして確保されるのか——政治制度分析による日韓比較」は、議会内における政党の一体性（party unity）について均衡制度として位置づけ、執行部による規律（discipline）や議員間のイデオロギー的な凝集性（cohesion）の結果とみなしている。日韓ともに凝集性が低い中で、

日本は選挙制度と執政制度など制度的不整合が特徴的で、小選挙区制と拘束名簿式比例代表制の並立制で議院内閣制の衆議院において与党内の規律が最も強く、一部中選挙区制と非拘束名簿式比例代表制の参議院が続き、大選挙区制と二元代表制の市町村議会で最も弱くなる。他方、韓国では制度的整合性が特徴的だが、国政では並立制と大統領制の組み合わせに議院内閣制的要素が加味されているものの、規律は野党の方が強い。田と待鳥は議会内の投票行動で韓国事例を分析し、点呼投票データに欠ける日本に関しては議員の離党という最も生じにくいハードケースで代替している。

　第2章「分割政府の日韓比較」は、政府・与党によって解消すべきものとして理解される「ねじれ国会」「与小野大」について、政治の常態の1つである「分割政府（divided government）」として位置づけ、その発生原因や政治的帰結を分析している。康と浅羽は日韓それぞれにおいて制度デザインと実際の政治過程を比較している。分割政府が結果的に、日本では衆議院だけでなく参議院も内閣の成立や存続を事実上左右したり、韓国では権力分有や新興民主主義体制の定着につながったりしたのは、政治制度それぞれをデザインしたときに意図していた「期待していた効果」というよりも、執政制度、議会制度、選挙制度、政党制度などマルチレベルの政治制度が組み合わさってもたらされた「意図していなかった帰結」にほかならない。政治制度論自体、日韓両国で制度改革が行われた当時はマルチレベルの政治制度として問題を設定できていなかったことの帰結でもある。

　第3章「執政中枢部に関する日韓比較」は、執政制度に関する一般的知見や英米比較とは異なり、日本の首相は弱く、韓国の大統領は強いとされてきたが、近年、前者は首相の権限や役割が強調されるウェストミンスター型に変化した反面、後者はほぼそのままである理由を明らかにしている。賈と西野は、首相や大統領をとりまく政権中枢部の様態は「権力の融合／分離」だけでなく「目的の分立」にも左右されるとみなし、特に与党や官僚と執政長官の関係に着目した。日本では、与党内の別派閥の長が就いた大臣を通じて首相が官僚を統制することは困難だったが、選挙制度改革や内閣府の設置などを経て与党や官僚内部で首相の意向が貫徹されるようになった。他方、韓国では、大統領は人事権や大統領府を通じて一般省庁の官僚を掌握すると同

時に、議院内閣制的要素といわれる議員の閣僚兼任によって与党を統制するなど、大統領の強さは依然としている。

　第 4 章「日韓比較を通じた選挙制度の政治的影響の検証──経路依存・代表性・政治意識」は、同じ 1 人 2 票制という選挙制度でも、先行制度の相違や文脈によって政治的効果は一定でないがゆえに国家間の比較研究が有用であることを示している。日本では中選挙区制に対する改革案の政治的妥協として導入され二大政党制の確立につながった反面、韓国では司法の介在によって代表性の向上が適切であるとされ、事実、比例性が高まった。そのうえで、趙と飯田は同じ選挙制度内に「微妙な」違いがある日韓について CSES のデータを用いて、地域区の議席数や比例代表制の名簿方式の差が政治的有効性感覚に及ぼす効果について計量分析している。小選挙区より大選挙区、拘束名簿より非拘束名簿では代表性に対する期待が高い分失望が大きくなり、敗者の同意が難しくなるという知見は、日韓比較でしか得られないが、制度と期待形成という一般的なテーマも導出している。

　第 5 章「日韓両国における首都機能移転をめぐる政治過程」は、同じ単一国家で財政問題を抱える日韓の間で首都機能移転という政策の帰結が割れ、日本では頓挫した反面韓国では進展した理由について明らかにしている。高と辻は、中央・地方間の垂直的関係と、各次元における執政府・議会間の水平的関係や選挙制度に着目し、この 4 者間の制度権限配置によってそれぞれにとっての政治的ステイク（the size of the prize）や影響力の大きさが異なるということをまず理論的に措定する。そのうえで、日本では地方首長、特に「現状（status quo）」で首都が位置する東京都の知事、韓国では中央政府、特に大統領が政策帰結の違いを左右したことを分析的に叙述しながら検証している。この章は本書の中で唯一具体的な政策過程についてのものであり、政治制度論が特に日韓比較において今後適用されうる可能性も示している。

＊　2015 年 3 月 2 日に記述が変更され、「基本的価値［の］共有」が削除され、単に「最も重要な隣国」になった。

＜参考文献＞
【日本語】
浅羽祐樹．2012．「日韓政治比較の『現住所』」『図書新聞』第 3083 号（2012 年 10 月 27 日）．
大西裕．2014．『先進国・韓国の憂鬱——少子高齢化、経済格差、グローバル化』中公新書．
大西裕・建林正彦．1998．「省庁再編の日韓比較研究」『レヴァイアサン』23 号（1998 年秋号）：126-150．
小此木政夫．2005．「序——『体制共有』から『意識共有』へ」小此木政夫編『韓国における市民意識の動態』慶應義塾大学出版会：vii-x．
小此木政夫・河英善編．2012a．『日韓新時代と東アジア国際政治』慶應義塾大学出版会．
小此木政夫・河英善編．2012b．『日韓新時代と経済協力』慶應義塾大学出版会．
小此木政夫・河英善編．2012c．『日韓新時代と共生複合ネットワーク』慶應義塾大学出版会．
久米郁男．2013．『原因を推論する——政治分析方法論のすゝめ』有斐閣．
河野勝．2002．「比較政治学の方法論——なぜ、なにを、どのように比較するのか」河野勝・岩崎正洋編『アクセス比較政治学』日本経済評論社：1-16．
建林正彦・曽我謙悟・待鳥聡史．2008．『比較政治制度論』有斐閣．
中野実・廉載鍋．1998．「政策決定構造の日韓比較——分析枠組と事例分析」『レヴァイアサン』23 号（1998 年秋号）：78-109．
福井治弘・李甲允．1998．「日韓国会議員選挙の比較分析」『レヴァイアサン』23 号（1998 年秋号）：50-77．

【英　語】
Japanese Political Science Association and Korean Political Science Association（JPSA and KPSA），eds.. 2012. *Governmental Changes and Party Political Dynamics in Korea and Japan*. Tokyo: Bokutakusha.
Park, Chan-wook. 2012. "Forward," Japanese Political Science Association and Korean Political Science Association, eds.. *Governmental Changes and Party Political Dynamics in Korea and Japan*. Tokyo: Bokutakusha: 4-5.
Sugita, Atsushi. 2012. "Forward," Japanese Political Science Association and Korean Political Science Association, eds.. *Governmental Changes and Party Political Dynamics in Korea and Japan*. Tokyo: Bokutakusha: 3.

【参考 URL】
外務省「外交青書」（2015 年 2 月 6 日最終アクセス、以下同様）
　http://www.mofa.go.jp/mofaj/gaiko/bluebook/
外務省「大韓民国基礎データ」

http://www.mofa.go.jp/mofaj/area/korea/data.html
外務省「日韓歴史共同研究報告書（第1期）」
　　http://www.jkcf.or.jp/projects/kaigi/history/first/
外務省「日韓歴史共同研究報告書（第2期）」
　　http://www.jkcf.or.jp/projects/kaigi/history/second/
言論NPO「第2回日韓共同世論調査　日韓世論比較分析結果」
　　http://www.genron-npo.net/world/genre/cat212/post-287.html
内閣府「外交に関する世論調査」
　　http://survey.gov-online.go.jp/index-gai.html
Center for Systemic Peace. 2014. "Polity IV Project: Political Regime Characteristics and Transitions, 1800-2013."
　　http://www.systemicpeace.org/polity/polity4.htm
Economist Intelligence Unit. 2015. "Democracy Index 2014."
　　http://www.eiu.com/public/topical_report.aspx?campaignid=Democracy0115
Freedom House. 2015. "Freedom in the World 2015."
　　https://freedomhouse.org/report/freedom-world/freedom-world-2015#.VNRynen9n3g
Reporters Without Borders. 2014. "World Press Freedom Index 2014."
　　http://rsf.org/index2014/en-index2014.php

第1章

政党の一体性はいかにして確保されるのか
──政治制度分析による日韓比較

田眞英・待鳥聡史[*]

はじめに

　政党が政治的理念や利害関心において共通点をもつ人々の集まりであるにもかかわらず、政党に所属する議員たちが一致した行動をとることは、比較政治学において必ずしも自明のことではない。たとえば、米国の政党は大統領選挙の候補者擁立にあたってのみ党大会を開催し、公約を掲げるが、それは連邦議会や州議会の議員たちを拘束することはない。当然、議会内における彼らの行動は、相対的に見て一体性を欠いたものとなりやすい。逆に、英国の政党は恒常的に存在する綱領に加えて総選挙ごとにマニフェストを掲げ、政権獲得後にはそれに従うことを所属議員に要求する。このように、政党の一体性（party unity）は、国によって違うことはもちろん、同一国家の内部でも国政と地方政治では異なるといった場合もしばしば見られる（建林 2012）。
　政党、とりわけ議会内における政党の一体性を規定する要因は何なのだろうか。かつての比較政治学は、世界の主要国における政党の一体性について、その状態や程度を並列的に叙述する以外の手段をもたなかった。また、名望家政党や大衆政党といった政党の起源ないし党員構成に注目し、そこから一体性を推測する議論が主流を占めた時代も存在した。これらの区分が消滅し

---

[*]　本章は、2人の執筆者が同一の分析枠組みを共有し、それにもとづいて、田（チョン）が韓国政治を、待鳥が日本政治を、それぞれ分析して執筆したものである。

た、あるいは一切顧みられなくなった、というわけではない。しかし今日では、より有力な視点として、政党が存在し活動する基盤を作り出す制度配置に注目する議論が中心となっている。すなわち、政党を目的合理的な政治家によって構成される一種の組織とみなしたうえで、いかなる制度的条件が与えられた場合に一体性が高まるのかが、検討されるようになっているのである。

　本章は、政党の一体性に関する近年の研究成果に依拠しながら、日本と韓国の議会内政党がもつ一体性の共通点と相違点を明らかにする試みである。一見しただけでも、日本と韓国の政党には明白な共通点と相違点が存在する。たとえば、両国ともに議会での採決に際しては、同一政党の所属議員は一致した行動をとることが多い。その一方で、韓国の政党の離合集散は日本の政党に比べてはるかに頻繁で複雑である。これらの共通点と相違点に対して、両国それぞれの政治や社会がもつ事情から個別に説明を与えることはもちろん可能であり、従来の多くの日韓比較研究はそのようなアプローチを採用してきた。

　これに対して本章のアプローチは、日本と韓国の政党がそれぞれに示す一体性の根底にある共通のロジックを明らかにして、そこから日韓両国の共通点と相違点を説明するというものである。比較政治制度論と称されるこのアプローチは、制度配置が政党組織にとって最も合理的な一体性の程度を規定すると考えるという意味で、制度均衡（institutional equilibrium）として政党の一体性を把握しようとするものである（建林・曽我・待鳥 2008）。しかし同時に、両国の政党を取り巻く歴史や文脈に違いがあることを捨象するわけではなく、日本と韓国は単なる比較政治学の事例だとみなしているわけでもない。制度配置から導かれるロジックと文脈的要因が併存することで、日本と韓国の政党にとって一体性がいかなるものになるのか、そしてそれが両国の政治過程にいかなる特徴を与えるのかを考察することが、本章のめざすところである。

I 政党の一体性とは何か

1 合理的選択としての政党

　信奉するイデオロギーや歴史的由来にかかわらず、政党が構成員の合理的選択の結果として存在することを最初に主張したのは、米国連邦議会を分析対象とする研究者たちであった。たとえばゲイリー・コックス（Gary Cox）とマシュー・マッカビンズ（Mathew McCubbins）、あるいはジョン・オルドリッチ（John Aldrich）といった論者は、連邦議会に存在する政党は、所属議員たちが自らの再選実現という目標に対して合理的であると判断する限りにおいて存在し、機能するという議論を展開した（Aldrich 2011；Cox and McCubbins 2006）。

　しかし、米国連邦議会における政党の研究が、比較政治分析における政党研究に直結するわけではない。米国の政党分析を他国に応用しようとする場合には、少なくとも次の3つの点に注意を払うべきであろう。

　まず第1に、政党には一般的に、選挙を戦う側面（party in election）、立法活動を行う単位としての側面（party in legislature）、そして組織としての側面（party organization）が存在すると考えられる。これらは米国の政党について区別が強調されるが、それぞれの側面が有機的に結びつかないという点において例外的である。すなわち、米国の政党の場合には、選挙は候補者個々人と地方組織によって戦われるものの、理念や政策に関しては緩やかにしかまとまっておらず、中央組織もきわめて脆弱である。このため、議会における立法活動に対して政党組織が影響力を行使する機会は、二大政党間の分極化傾向が強まった近年に至って、ようやく増えているにすぎない。これに対してヨーロッパやアジアの民主主義国家の場合には、政党は統一的な綱領ないし政策体系と比較的強固な中央組織をもち、党議拘束を通じて議会における立法活動にも積極的に関与するのが一般的である。

　もう1つの大きな相違点として、米国はほぼ完全な二大政党制であるのに対して、比較政治学が対象とする民主主義国家の多くは多党制であるという政党システムの問題が存在する。政党システムは、表面的には複数の政党間の関係のみを規定するように見えるが、実際には政党内部における構成員相

互の関係や組織構造にも多大な影響を与える。たとえば、保守政党と社会民主主義政党というイデオロギー的に対立する二大政党制が存在している場合、保守政党内で執行部の方針に不満を抱いた所属議員がいたとしても、いきなり社会民主主義政党に移籍することは容易ではない。それに比べて、中道政党が存在している場合には、保守政党から中道政党への移籍に対する心理的抵抗や有権者からの批判は小さくて済むだろう。中道政党が存在することで議員の移籍へのハードルが下がり、その分だけ執行部への抵抗の余地が拡大するのである。

　最後に、大統領制か議院内閣制かという権力分立のあり方、すなわち執政制度の差異も無視できない。米国の政党が議会内において所属議員個々の自由な行動を認めるのは、大統領制の下では大統領の権力基盤が議会多数派に必ずしも依存しないことも大きい。議院内閣制（や半大統領制）であっても常に強い党議拘束をかける、あるいは内閣提出法案を無修正で通過させることが原則という国ばかりではない（大山 2003, 2011）。だが、内閣提出法案を議会で修正することが少なくないフランスのような国であっても、議会における採決の基本単位として政党は機能している。これらの点について、米国の政党に注目するだけでは十分な説明ができないのである。

2　政党への比較政治制度論アプローチ

　比較政治制度論は、米国政治に関する知見の単なる援用ではなく、主として選挙制度と執政制度の効果に注目して政党に関する一貫性のある説明を与える、比較政治学の分析枠組みである。政党は、一方において選挙制度と執政制度にもとづく有権者や政治家の行動の結果として生じる存在であると同時に、それ自体が有権者や政治家の行動を規定する制度的要因でもある。

　少し詳しく見よう。選挙制度が小選挙区制や拘束名簿式比例代表制である場合、いずれも政党の公認候補になることは決定的な意味をもつ。ただし、小選挙区制では二大政党以外の公認にはあまり意味がないが、比例代表制の場合には議席を獲得できる政党が多いため、小政党の公認候補でもかまわないという違いがある。大選挙区制の場合には、無所属での当選が容易であるため、政党の公認は候補者にとって死活的重要性はもたない。こうした公認

の意味合いの違いは、政党内部における公認権保有者の影響力を強く規定する[1]。

　執政制度はどうだろうか。議院内閣制の場合には、議会内部での内閣提出法案への修正をほとんど行わないウェストミンスター型はもちろん、修正が比較的多い大陸型であっても、議会多数派たる与党は法案を成立させて政府の運営を滞りなく進める責任を負っているため、所属議員の行動、特に執行部に対する造反行動には何らかの制裁が加えられる可能性が高い。これに対して大統領制の場合、議会多数派は政府の運営に責任を負わないので、大統領を支えたり党としての一体性を維持する誘因が乏しい。そのことは、執行部と異なった行動をとる所属議員への制裁を困難にする。

　これら2つの制度の組み合わせによって、政党の一体性の程度が変化することになる。たとえば、小選挙区制と議院内閣制が組み合わされる場合には、公認権保有者の影響力が最も大きな政党組織が形成され、そこでの意思決定はしばしばトップダウン中心となるであろう。所属議員は不満があっても離党が難しく、党内での批判勢力になるのが精一杯である。これに対して、大選挙区制と大統領制が結びつくと、公認権保有者の影響力は低くなり、かつ議員たちは政府運営に責任を負わない。所属議員たちは議会内で比較的自由に行動し、党の方針や執行部に不満を抱く場合には、容易に離党に踏みきることになるだろう。

3　一体性・規律・凝集性

　ここまで、政党の所属議員が議会内で一致した行動をとることを、政党の一体性として論じてきた。政党の一体性は、政党という組織に対して構成員である議員がいかに忠誠心をもつか、言い換えるならば、所属議員に対して組織リーダーである執行部がいかなる誘因を与えられるかによって規定されると考えることができる。そして、誘因構造を規定する要因として、選挙制度と執政制度という2つが大きな意味をもつというのが、本書が全体として

---

[1] これを敷衍すれば、同じ小選挙区制であっても、米国のように公認が実質的に地方組織で行われる場合と、英国のように中央組織で行われる場合との差異も説明できる。

依拠しようとする比較政治制度論アプローチの基本的な立場である。

注意せねばならないのは、選挙制度や執政制度によって形成された誘因構造の下で議員が所属する政党に対して忠誠心をもち、その帰結として議会内政党が一体性をもつことは、議員が所属政党執行部の方針に従う唯一の理由ではないことである。議員たちは制度によって党の方針に従うように強いられているとは限らず、自発的に同調することも十分にありうる。そもそも、党内多数派の意向と極端に乖離した政治家は、執行部に選出される可能性は高くないし、選出されるような場合はその執行部にはあまり実質的な権限がないものと考えられる[2]。政党の一体性を執行部からの強制という契機からのみ理解するのは、明らかに不適切なのである。

そこで今日の政党組織に関する議論には、政党の一体性が執行部主導で調達されるのか、一般議員主導で確保されるのかを区別する見解が登場している（Bowler, Farrell and Katz 1999；建林・曽我・待鳥 2008；高安 2011）。すなわち、執行部主導によって、いわばトップダウンで確保される一体性を政党規律（party discipline）と呼ぶ。これに対し、イデオロギー的に同質性の高い場合などに一般議員が主導して、ボトムアップで確保される一体性を政党の凝集性（party cohesion）と呼ぶ。そして、規律か凝集性の少なくとも一方が存在する場合に、政党の一体性が確保されると考えるのである。

4　一体性の規定要因――本章の基本仮説

ここまでの議論を整理すれば、政党の一体性について次のように考えることができるだろう。政党の一体性を調達する方法には、規律と凝集性という2つの方法がある。規律とは、政党執行部が所属議員に対してトップダウンで党としての方針に従わせることである。小選挙区制や拘束名簿式比例代表制のように政党の公認が個々の候補者の当落に大きな影響を与える場合や、議院内閣制の下で与野党が明確に分かれて政治が行われるべきだという期待が有権者の間に存在している場合には、それらの制度的条件が執行部に政治的資源を与える。凝集性とは、議員個々人は自らの政治理念や支持集団の意

---

[2] 1970年代までの米国の政党が典型例である。

向に従って行動するのだが、理念や支持者に共通性が高いために同一政党内に生まれる一体性を指す。米国の二大政党のように、規律が存在しない政党でもイデオロギー的同質性に基づく凝集性が強ければ、少なくとも一時的には一体性が高まる。逆に、凝集性は必ずしも高くなくとも、規律が存在するならば政党としての一体性は確保できる。

　政党の一体性について、基本的な仮説をまとめておくことにしよう。次節以降では、日本と韓国の政党の一体性について、これらの仮説を踏まえた分析が展開される。

＜基本仮説1＞
　選挙制度において政党公認の意味が大きいほど、政党の一体性は強まる。

＜基本仮説2＞
　執政制度において政党を単位とした行動が期待されているほど、政党の一体性は高まる。

＜基本仮説3＞
　選挙制度や執政制度からは政党の一体性が高まらない場合でも、所属議員個々人のイデオロギーや支持集団の意向が同質化すれば、その政党の一体性は高まる。

Ⅱ　日本における政党の一体性

1　選挙制度

　まず、日本から議論を進めたい。戦後日本の選挙制度には、いくつかの大きな特徴がある。1つは、衆議院の選挙制度が、1994年に大きく変化したことである。普通選挙制度が導入された1925年から93年まで、46年を除くすべての衆議院選挙において、中選挙区単記非移譲制（中選挙区制）が採用されてきた。中選挙区制とは、1つの選挙区から2〜6人の当選者を出すが、有権者が投票できるのは1人の候補者に対してのみという制度である。94

年の選挙制度改革によって、小選挙区比例代表並立制が導入された（現在の定数配分は、小選挙区295、比例代表180である）。これは、有権者が1人2票をもち、小選挙区と地域ブロック別比例代表で別個に当選者を出す仕組みだが、日本の場合には小選挙区立候補者の多くが比例代表名簿に登載され、小選挙区における惜敗率によって比例代表での議席獲得が左右される。そのため、特に大政党に所属する議員個々人の誘因構造は、単純な小選挙区制に近似したものとなる。なお、衆議院議員の任期は4年だが、解散があるために選挙のタイミングは一定しない。

　もう1つの特徴は、国政レベルの衆議院と参議院の間、また都道府県や市町村といった地方レベルで、選挙制度とサイクルが大きく異なっていることである。参議院は、1947年から80年までは全国区（改選定数50の大選挙区単記非移譲制）と地方区（改選定数1から4、小選挙区制と中選挙区単記非移譲制の混合）という組み合わせだったが、83年からは比例区（改選定数50、2000年からは48で全国一律の比例代表制）と旧地方区にあたる選挙区（現在は改選定数1から5）の混合制に変わった。任期は6年で3年ごとに半数改選、途中解散はない。都道府県議会と政令指定都市議会はすべて一院制だが、選挙区単位となる市や郡などの人口によって、定数1の小選挙区制と2以上の中選挙区単記非移譲制が混合されている。市町村議会も一院制で、人口によって定数は異なるが、ほとんどが大選挙区単記非移譲制を採用している。都道府県以下の議会には、例外的な場合を除いて解散はなく、実質的には4年の固定任期である。少なくとも、中央政府と地方政府を全体として日本の政治システムとして捉えた場合、選挙制度を通底する基本的な理念や方向性があるとは考えづらい。

2　執政制度

　次に、執政制度はどうであろうか。国政レベルでは、1947年に現行の日本国憲法が制定されてから、一貫して議院内閣制が採用されている。ただし、90年代前半までは首相に十分な政治的資源が与えられず、内閣としての意思決定は、与党と行政省庁の間の調整や与党内調整の結果を追認する傾向が強かった（飯尾 2007）。それが変化したのは、90年代後半に内閣機能強化が

行われて直属スタッフや特命担当大臣を置けるようになり、首相の政治的資源が増大してからのことだと考えられている。今日、少なくとも制度構造から見る限り、日本の議院内閣制は首相ないしは執政中枢部（core executive）の影響力が大きい、ウェストミンスター型に接近している（待鳥 2012）。

　地方レベルでは、都道府県と市町村のすべてにおいて、執政長官と議会が別個に公選される二元代表制が採用されている。二元代表制は比較政治学的に見れば大統領制に属しており、実際にも日本に導入されたのは米国の影響下で行われた占領改革によってであった。ただし、米国の制度に近似しているといっても、日本の二元代表制は米国で革新主義期に市政改革運動などの影響を受けて登場した強市長制により近い。すなわち、執政長官である知事や市町村長が排他的な予算提案権などをもち、行政官僚制の協力も得て、議会に対して制度的に優位するのが特徴である。

3　政党内部のイデオロギー的同質性

　戦後日本社会には長らく、保守と革新という２つの政治イデオロギーがあるとされてきた。しかし、その内実はそもそも一枚岩とはいえなかった。保守には、戦前からの国家主義的伝統や家父長制的秩序を重視する考え方と、戦後の国際政治経済における米国主導の自由主義レジームへのコミットメントという、大きく異なる方向性が併存していた。革新の側も事情は同様であった。戦後の新しい憲法体制の下で確立された個人の自由や平等を重視する近代主義と、マルクス主義や社会主義レジームへの共鳴とが混淆しながら、いわゆる革新陣営は成立していたのである（大嶽 1999）。しかも、多くの有権者が政党や内閣を評価する基準は主として短期的な経済変動であり、イデオロギーや理念に依拠した選択を行う有権者は相対的に少数であった（大村 2012）。

　その傾向は、近年さらに強まっている。冷戦の終結は日本の政治イデオロギーにも影響を与えた。社会主義レジームの崩壊は革新勢力の基盤を掘り崩した。しかも、戦後の高度経済成長や社会の安定は、近代主義を志向する人々が守るべきだと考えていた価値を普遍化させ、国家主義や家父長支配への回帰が広範に生じる可能性は著しく小さくなった。1990年代初頭までに、

保守と革新の差異は実質的に消滅したのである。その後、新自由主義か社会民主主義かといった、西ヨーロッパ諸国で60年代以降に登場した経済政策をめぐる理念的対立軸が形成される可能性もあった。しかし、90年代以降長らく続く経済の低迷や社会の高齢化は、政府歳出で見れば社会保障関係費の増加をもたらしている半面、政策に関する理念として社会民主主義を前面に押し出すことを困難にしている。結果として、有権者の間には新自由主義と社会民主主義という対立軸が存在しているとは考え難い。

4　作業仮説

　ここまでの叙述から明らかなように、日本の選挙制度と執政制度はいずれも、国政レベル（特に衆議院）と地方レベルで方向性が異なるところに、大きな特徴がある。この制度的不整合は、日本の政党の一体性に対してマイナスに作用する可能性が高い。また、イデオロギー的同質性も高くはなく、とりわけ特定の政治的主張や理念を掲げる集団が大きな政治的あるいは社会的影響力を行使しているとみなすことも困難である。保革対立が存在した時代にさえすでに曖昧であった対立軸は、1990年代後半以降になるといっそう不明瞭なものになっている。政党支持集団の間でのイデオロギー的同質性の低さも、凝集性による政党の一体性確保にとって制約となる。つまり、規律と凝集性の双方において、日本の政党は一体性を失いやすい面をもつ。

　しかし、議会内政党が実際に活動する政策過程にアリーナを限定すれば、その様相はやや異なってくる。とりわけ国政レベルの場合、衆議院と参議院の間には選挙制度の不整合が存在しているものの、議院内閣制という執政制度を共有し、かつ衆議院については政党規律が作用しやすい小選挙区制中心の選挙制度となっている。参議院は選挙区選挙において中選挙区制が一部存在していることと比例代表選挙が非拘束名簿式であることから、衆議院ほどの規律は期待できないが、議院内閣制の下で党議拘束を効かせることは十分に可能である。一体性の程度という観点から考えれば、国政の衆議院が最も高く、参議院がそれに続き、都道府県議会、市町村議会という順序であると予測されよう。

　以上の議論を実際に検証可能な作業仮説としてまとめるならば、以下のよ

うになる。

 ＜作業仮説1＞
　選挙制度と執政制度の相違から、政党の一体性は「小選挙区制中心の選挙制度と議院内閣制」の組み合わせである衆議院において最も高く、続いて参議院、都道府県議会となり、最も低いのが「大選挙区単記非移譲制の選挙制度と二元代表制（大統領制）」の組み合わせである市町村議会となるであろう。

 ＜作業仮説2＞
　日本における政党の一体性は、主として凝集性よりも規律によって確保されているであろう。

5　一体性の程度
(1) 議会ごとの比較

　まず、日本国内にある議会相互間の比較について見よう。議会内政党の一体性を測定する尺度には多様なものがありうる。たとえば、米国連邦議会や韓国国会では、議員ごとの投票記録が残る採決について、政党を構成する議員たちが同一の投票行動をとっているかどうかによって一体性が測定される。しかし日本の場合には、国会だけではなく地方議会でも政党（会派）ごとの拘束がかけられるケースが多い。特に国会ではほぼすべての採決で党議拘束が存在し、造反が生じることは稀である。このため、議会内での投票結果によって一体性を測定することは難しい[3]。また、政党内部における意思決定過程を詳細に追跡することで、党議拘束がない場合の一体性を推測することも不可能ではないが、この方法では限られた事例しか追跡できないというケース数の限界に直面する。

　そこで本章では、政党からの離脱に注目しながら一体性について考えるこ

---

3) もちろん、党議拘束が可能であること自体が規律による一体性成立を意味すると理解することもできるが、一体性をより動態的に理解するには適切ではない。

表 1-1　日本における衆議院議員の政党間移動総数

時期	93/7/18 −96/10/20	96/10/20 −2000/6/25	2000/6/25 −03/11/9	03/11/9 −05/9/11	05/9/11 −09/8/30
人数	313	367	54	20	18

(註）時期区分は衆議院選挙ごとで、山本の研究に従った。
(出典）山本（2010）。

とにする。政党からの離脱、すなわち離党は、議員にとって最も重大な選択たりうる。所属政党の看板と資金を失うことは、その政党が大政党であればあるほど、議員にとって次回選挙での当選可能性を低下させる選択になってしまう恐れがある。しかし、これを逆の面から見れば、それにもかかわらず離党が生じるということは、その政党の一体性はきわめて低いと判断することができる。つまり、離党という最も生じにくい行動を対象にすることで、一体性の程度について重要な判断材料を得ることができるのである。

　衆議院については、山本健太郎が2009年総選挙までを対象として行った詳細な研究が存在する（山本 2010）。この研究から、2つのことが明らかになっている。1つは、山本がいうところの「政権追求」型の政党間移動、すなわち野党ないし無所属から与党入りするための離党が、2000年以降は主流を占めていることである。政党再編期にあたる1990年代には、「政策追求」型の政党間移動、すなわち与党から無所属ないしは野党に転じる議員が少なくなかったことを考えると、自民党と民主党が二大政党としての地位を確立するにつれて、政策よりも与党を構成する大政党に加わる方が自らの当選可能性を高めるという判断を議員がするようになったことを示唆する。もう1つは、離党や入党といった政党間移動が全体として減少傾向を示していることである。表1-1は、山本の集計に従って、時期ごとの政党間移動総数をまとめたものだが、2000年以降には顕著に移動数が減少している。

　これに対して、参議院議員の離党行動は依然として少なくない。たとえば、2009年に野党に転じた後の自民党では、衆議院議員よりも参議院議員の離党者数の方が多かった。所属議員数で見れば常に衆議院議員の方が多いわけだから、離党確率という観点からは参議院議員の方がはるかに高いことがわかる。その一方で、2010年選挙で議席数を減らし、かつ内閣支持率や政党

支持率で見ても低迷が続いていたにもかかわらず、参議院民主党からの離党者は衆議院ほど多くはなかった。与党であることの効果はやはり大きかったのである。

　したがって、衆議院より参議院の方が離党者が多く、かつ与党より野党の方が離党者が多いという傾向が明らかに存在すると考えられる。大嶽編（1996）が分析したように、中選挙区制時代の 1990 年代初頭に生じた政界再編が衆議院議員の離党によって主導されていたことを考えると、小選挙区中心の選挙制度になったことによる影響は大きいことがわかる。また、与党より野党の方が離党者が多くなるのは、議院内閣制の下で閣僚ポスト配分や予算編成を通じた利益配分が容易な与党の場合、党執行部とは異なった理念や利害関心をもつ議員を引き留められる可能性が高まることを示唆している[4]。

　地方政治ではどうだろうか。都道府県議会や市町村議会の大きな特徴は、選挙時点では無所属として当選する議員が相当数存在することである。特に政令指定都市を除く市町村議会の場合、大選挙区単記非移譲制の下で低い得票率での当選がきわめて容易であるため、ほとんどの議員は無所属として当選した後に会派を結成するのが通例である。会派は政治理念や共通の利害関心にもとづく場合もあるが、単に質問時間や議会内控室の確保を目的とした便宜的なものである場合も少なくない。そのような会派に一体性を求めることはそもそも無理があり、現実にも市町村議会の会派は変動が激しい。都道府県議会の場合には、選挙時点での政党所属がより明瞭ではあるが、それでも会派変動はかなりの規模にのぼる（曽我・待鳥 2007）。2010 年時点のデー

---

[4] 2009 年から与党になった民主党においては、菅政権以降に主流的な地位を占めるようになった非小沢系と小沢系の激しい対立が続いたが、2012 年 7 月に小沢自身を含む衆議院議員 38 人、参議院議員 12 人が離党するに至った。そのことは、本章の議論に対する重大な反証とも思える。しかし、それは小沢系と考えられてきた議員数を大幅に下回っているとされる。問われるべきは、小沢系の離党者数はなぜこれほどまでに少なくなってしまったか、なのである。なお、小沢系の離党をめぐる報道として、たとえば、『日本経済新聞』（電子版）2012 年 7 月 2 日付記事「見切り発車の小沢グループ」参照。

タでも、国政レベルの政党との結びつきがない、あるいは判然としない会派が存在しない都道府県は8つにとどまっている（全国都道府県議会議長会 2010）。これらの会派の中で、数年以上にわたって存続するものはごく少ない[5]。

(2) 凝集性の低さ

凝集性についての測定は、同一政党に所属する議員たちが近似したイデオロギーや政策的な理想点をもっているかどうかを明らかにすることで行われる。しかし、日本の国会議員の場合には、投票行動からの推測ができないがゆえに、サーベイ調査などを通じて議員のイデオロギー的位置や政策的理想点を探る試みがなされてきた。たとえば、国会議員候補者に対するサーベイに特化しており、かつ調査頻度の点でも近年の動向を把握するためにより適合的な、東京大学大学院法学政治学研究科旧蒲島研究室・谷口研究室と朝日新聞による共同調査がある。

紙幅の関係でデータは割愛するが、この調査によれば、自民党と民主党が国政の第一党と第二党を構成するようになってから2009年総選挙までは一貫して、両党の候補者間に存在する政策的差異は小さいという結果が得られている（谷口・上之原・境家 2009）。同様の傾向は、2009年総選挙後に早稲田大学政治経済学部久米研究室と読売新聞が行った国会議員調査においても見出される。2012、14年総選挙においては若干異なる傾向も現れつつあるが、凝集性が高まったと断言するにはなお時期尚早である。

III 韓国における政党の一体性

1 選挙制度

1948年の建国以来、韓国国会の選挙制度は数回にわたって改正されてき

---

5) 曽我・待鳥（2007）の巻末資料を参照。
6) 韓国では、国会について選挙期間で区切り「第×代」と呼び、当該代の始期となる国会議員選挙を「第×代国会議員選挙」「第×代選挙」と呼称するのが一般的である。

たが、基本的に小選挙区制をその根幹としてきた。第6～8代国会議員選挙（1963～71年）で小選挙区比例代表並立制が採用された後、第9～12代国会議員選挙（1973～85年）では、1つの選挙区で2人の議員を選出する中選挙区制さらには中選挙区比例代表並立制が導入されたが、民主化以降の第13代国会議員選挙（1988年）から再び小選挙区比例代表並立制となった[6]。

　小選挙区比例代表並立制のような混合制では、小選挙区制の低い比例性を比例代表制で補完する効果が期待される。しかし韓国では、混合制を採用していたにもかかわらず、補完効果がさほど明確に現れなかった。その最大の理由として、比例議席への議席数の配分比率が低い点を挙げることができる。全体で比例議席が占める割合が18％程度にすぎないため、比例代表制による比例性の補完効果は大きくなかったのである。

　比例議席の配分方式も比例性の向上を妨げる要因となった。当初、比例議席は選挙区で各政党が獲得した議席数にもとづいて配分された。この方式は実質的に、第一党にさらなるボーナス議席を与えることによって大政党に有利に作用した。しかし、第15代国会議員選挙（1996年）から、議席数ではなく得票率をもとに議席配分が行われるようになり、2000年の第16代国会議員選挙の比例性指数が初めて90を超えた[7]。さらには2004年の第17代国会議員選挙から1人2票制が導入され、継続的に採用されていることから、今後はいっそう比例性の上昇が見込まれる。

　韓国の場合、選挙区では小選挙区制を採用しているが、候補者擁立に対する地元有権者や地方政党組織の影響力はほとんどなく、事実上党中央の執行部が公認権を掌握している。2004年の第17代国会議員選挙では、予備選挙制度を導入するなど、候補者選定プロセスを改革しようとする試みが見られたが（パク・キョンミ 2008）、依然として党執行部の影響力は絶大である。

7）ローズ（Richard Rose）の比例性指数は、各政党の得票率と議席率の差の合計を2で割り、それを100から引いて計算する。比例性指数が高いほど選挙制度の比例性が高い（Rose 1984：75）。歴代国会議員選挙の比例性指数を見ると、1978年の選挙が69.3、1985年の選挙では81.7だった。1996年と2000年選挙の比例性指数はそれぞれ90.1と90.2を記録した（キム・ヨンホ 2001：370）。

したがって、韓国は小選挙区制を採用しているものの、米国のように地元有権者や地方政党組織による影響力を期待することは困難である。さらに、比例名簿の作成や候補者の順位決定においても、党執行部の影響力がきわめて大きい。したがって、韓国の国会議員は政党を単位とした高い一体性を示すと予想できる。

2　執政制度

　韓国では、議院内閣制が導入された第二共和国の1年足らずの期間を除き、大統領制が採用されてきた。大統領と議会が別個の直接選挙によって選出される二元的な権力構造をもつ大統領制では、議院内閣制のように議会が行政府の存続を決定できない。大統領制では、政府与党が議会多数党であっても政党執行部に対する忠誠心は議院内閣制より弱いとされるが、その理由は、議会内政党の一体性が欠如していたとしても、行政府の存続を脅かさないためである。また、政権の業績や政策遂行能力と与党議員の再選可能性との関連性が、議院内閣制ほど直接的ではないことも影響する（Hix, Noury and Roland 2007）。

　しかし、韓国の大統領制は厳密な三権分立にもとづいた米国の大統領制とは異なって、そこに議院内閣制的な要素が加えられている点で特徴的である。国務総理の存在、国会議員による国務委員（閣僚）兼職の容認、政府の法案提出権などは、その代表例である。とりわけ、国会議員による国務委員兼職の容認は、議院内閣制において与党が所属議員の忠誠心を引き出すための重要手段である閣僚ポスト配分と同様の効果が期待できるという点で、政党の一体性と関連性をもつ特徴だといえる。

　近現代政治史の中で大統領がすべての政治過程を独占的に支配してきた経緯から、韓国の大統領制は「帝王的大統領制」と称されてきた。中央集権的な権力構造、大統領による国家権力機構の掌握、重要政治資源の大統領への集中が、「帝王的大統領制」を可能にした。政治資金、候補者公認、議会内外の党役員人事などで大統領の影響力は絶大であった。盧武鉉大統領の時期から大統領が党首を兼職しないようになり、大統領による与党掌握の基盤は弱まったが、依然として政治過程における大統領の影響力はきわめて大きい。

大統領制では、原則的に行政府と議会が三権分立の原則に従って互いに牽制しながら均衡のとれた関係を維持することが期待される。しかし、韓国の「帝王的大統領制」は、国会を対等な協議相手として認めず、政治過程を独断的に支配してきた。民主化以降、大統領の所属政党と議会多数党が異なる状態、すなわち分割政府（divided government）の出現が常態化したが、大統領の強い政治権力は健在であった。政府与党が国会で少数党である場合も、大統領は政党合併あるいは他党からの議員の引き抜きなど、人為的な政界再編を通じて与党を「作られた多数党」に変えた。安定的な過半数を確保することによって国会を自由に運営しようと企む大統領・与党に対して野党は強く反発するという対立構図が多発し、それによって国会内では深刻な膠着状態が生まれた。

3　イデオロギー的同質性

　1945年の独立直後、韓国社会には進歩と保守の政治理念が混在していたが、朝鮮戦争と南北分断の経験を経て、反共主義が韓国社会のイデオロギー空間を支配するようになった。権威主義政権が進歩勢力を徹底して弾圧し、進歩イデオロギーは政治的に代表されなかった。長らく冷戦・反共イデオロギーが韓国社会を支配し、韓国の政党政治は、「理念的、政策的な差別性がほとんどない保守一色の政治集団」と批判された（チェ・ジャンジプ 2010；キム・スジン 2008）。

　しかし、2000年代から反共主義に代わる対立軸が登場し始めた。盧武鉉政権が登場してイデオロギー対立が非常に強まったことから、各政党の間でも相違が現れ始め、第16代国会から第18代国会にわたって、政党間のイデオロギー的な差異はさらに明確になった。以前は主として対北朝鮮政策の分野で顕著に現れていた対立軸が、最近は、租税政策など経済分野でより明確な形で登場している（カン・ウォンテク 2010）。

　2008年に始まった第18代国会の全体的なイデオロギー分布は、以前より保守化しているといわれた（カ・サンジュン 2010）。議会内における政党のイデオロギー分布は表1-2のとおりである。ハンナラ党、自由先進党、親朴連帯は大同小異であり、どちらも中道保守の政党といえる。親朴連帯は、ハ

表1-2 第18代国会における議会内政党のイデオロギー位置

政党	ハンナラ党	統合民主党	自由先進党	親朴連帯	民主労働党
イデオロギー平均	6.14	3.77	6.00	6.20	0.75
標準偏差	0.78	1.09	1.47	0.89	0.19
回答数	142	71	15	12	5

(註) 政党のイデオロギー位置は0から10までの値をもっており、0に近いほど進歩、10に近いほど保守寄りのイデオロギーであることを意味する。

ンナラ党の候補者公認に対して不満を抱いた政治家によって選挙直前に結成された政党で、選挙で独自の候補を擁立したが、選挙後再びハンナラ党に合流した。第一野党である統合民主党のイデオロギー指数は3.77で、イデオロギー的には進歩政党に属する。労働者のための階級政党を標榜する民主労働党のイデオロギー指数は0.75であり、急進的な左派政党といえる。このように第18代国会における議会内政党のイデオロギー空間は相当幅が広いことがわかる。

　大統領選挙や国会議員選挙の候補者選定のために考慮すべき要素として、有権者のイデオロギー分布がその重要性を増している点も、過去とは異なる新しい現象である（パク・チャンウク 2009）。有権者と国会議員の平均的なイデオロギー位置がほぼ同じであり、両方とも「中道」へ収斂している点で、韓国の政党システムが有権者のイデオロギーとかけ離れたまま保守の政治理念のみを代表しているという主張はもはや説得力をもたない。特に、第17代国会議員選挙の結果、進歩政党である民主労働党が10議席を確保して第三党として議会進出を果たすことによって、議会内政党のイデオロギー的なスペクトルは以前よりはるかに広くなった。

　この点に関連して、政党のイデオロギーが政党の一体性に与える影響について分析している比較政治学の諸研究は、有権者と政党のイデオロギー的な合致より、政党そのもののイデオロギー的な特徴に注目している。その中で、労働階級の政党は伝統的に連帯性を強調する傾向をもつため高い凝集性を示すという主張と、保守政党は進歩政党より政党規律を強調するため一体性が高いという主張が対立している（Jensen 2000）。イスラエルの政党に関する

分析では、右派政党より左派政党の方が、そして極端なイデオロギーをもつ政党の方がより高い一体性を示すことが確認された（Rahat 2007）。これらの研究からは、同一政党に所属する議員同士でイデオロギー的同質性が高いほど、政党の一体性は高まると予想できる。

4　作業仮説

以上の議論をまとめると、韓国の国会議員選挙制度は1人2票の小選挙区比例代表並立制であるが、事実上小選挙区制がその根幹をなしており、選挙区および比例代表の候補者選定プロセスにおいて党執行部が絶対的な影響力を行使している。そして、執政制度の面では、大統領制を採用しているが、行政府と議会の関係は、厳密な権力分立の原則にもとづいているとは必ずしもいえず、国会議員による国務委員兼職の容認のような権力融合的な特徴も一部に備えている。大統領は与党を通じて国会に相当の影響力を行使しており、政党は、公認権、政治資金、役職配分などの政治的資源を武器に所属議員に強い党議拘束をかけている。上記のような特徴から、韓国の政党には高い一体性が見られると考えられる。とりわけ、政治的資源の面で不利な野党執行部は、議員に対して与党より高い水準の忠誠を要求するようになり、それが野党における一体性を与党より高めることにつながる。

2000年から定期的に実施されている国会議員のイデオロギー調査によると、徐々に政党間のイデオロギー的な差別化は進んでいるものの（カ・サンジュン 2010）、まだ政策中心の政党システムが完全に定着しているといえるにまでは至っていない。有権者が政党の政策位置に対する評価にもとづいて支持政党を決めているとはいえず、政党も選挙で掲げた公約に対してその実行に責任をもっていると思われないからである。なお、西欧の階級政党や政策政党に比べて、同一政党に所属する議員同士のイデオロギー位置が大きく離れているといえる。したがって、議会内政党のイデオロギーが政党の一体性と関連性をもつとは考え難い。

＜作業仮説1＞
　　韓国は、党執行部主導の候補者公認が行われる選挙制度と議院内閣制的

な要素が加えられた大統領制をもっており、その制度配置によって政党には高い一体性が見られるであろう。

＜作業仮説2＞
　韓国国会における政党の一体性は、所属議員のイデオロギー的同質性（凝集性）ではなく、強い政党規律に起因しており、政党のイデオロギーと一体性の間には関連性が見られないだろう。

＜作業仮説3＞
　国会の政治過程は主として与野党の対立関係の中で展開され、野党の政治的資源が与党に比べて劣っているため、野党により高い一体性が見られるだろう。

5　一体性の程度
(1) 合意指数による一体性の測定

　韓国の国会では、2002年から本会議で採決が行われるすべての法案に対して電子投票が実施されているため、本会議の投票記録が残る採決データを用いて議会内政党の一体性について分析することができる。政党における一体性レベルの評価に用いられる代表的な手段として、「ライス指数（Rice Index）」が挙げられる[8]。ある法案に対して政党の所属議員全員が賛成あるいは反対した場合、ライス指数は1となり最も高い一体性をもっていることを示す。一方、所属議員が賛成と反対で正確に二分された場合、ライス指数は0になる。

　ところが、ライス指数の場合、本会議採決での棄権が考慮されていない。サイモン・ヒックス（Simon Hix）らの研究者は、その問題点を改善し、棄権

---

[8] ライス指数は、政党内の過半数が支持する案に賛成した議員の比率と政党内の少数派が支持した案に賛成した議員の比率間の差を求めたものである。ある法案に対してある政党の所属議員全員が賛成あるいは反対した場合、指数の値は1になり、賛成と反対が同数の場合、0になる（Rice 1925）。

表1-3 第18代国会における議会内政党の一体性（合意指数）

政党	ハンナラ党	統合民主党	自由先進党	親朴連帯	民主労働党
合意指数	0.976	0.976	0.971	0.967	0.986
議席数	168	82	18	8	5
法案数	428	387	427	428	364
AI＝1の比率(%)	34.3	57.6	83.4	89.5	97.5

（註）分析対象は、2008年第18代国会の会期開始から2009年3月3日まで国会本会議に提出された428の法案である。創造韓国党（2議席）および無所属（7議席）は分析対象から除外した。
（出典）チョン・ジンヨン（2010：128）。

について考慮した一体性の指数として「合意指数（Agreement Index: AI）」を提示した（Hix, Noury and Roland 2007）。合意指数は、政党の一体性を計る際に棄権も考慮することによって、ライス指数で過大評価される恐れがある一体性をより正確に測定できる長所をもつ。

政党別合意指数を示している表1-3を見ると、各政党の一体性が0.96を超える、非常に高い数値を示していることが確認できる。これは、英国のような議院内閣制国家に匹敵する水準の値である。

このような高い一体性は、第1には国会における意思決定過程の特徴から説明することができる。国会は、「院内交渉団体間の協議」という原理に従って運営される。その協議対象には、議事運営の日程だけではなく、どの法案を会議に上程して採決にかけるのかに関する事項も含まれる。院内交渉団体の合意が得られない法案が常任委員会の審議を通ることはできない。本会議採決が行われる法案は、法案そのものが政党間の意見対立の余地がないものであるか、常任委員会の審議を通じて政党間で調整済みのものであることを意味する。したがって、本会議採決の結果から算出した政党の一体性は非常に高い値となる。そもそも政党間の意見対立が深刻な法案は常任委員会の審議を通ることができないため、本会議採決の結果のみから一体性を測定する分析には限界がある（Owens 2003）。

議会内政党の高い一体性は強い政党規律からも説明できる。国会で与野党が激しく対立する法案は、多くの場合、大統領による政策イニシアティブに関連するものである。特に盧武鉉大統領の在任期間以来、そのような法案は議事手続きが進まず、しばしば膠着状態に陥った。立法過程における膠着状

態は、与党単独の国会召集、野党による物理的阻止と与野党間の衝突、野党の審議拒否といった様相を伴うのが特徴的である。立法手続きの膠着状態が発生するたびに、議員たちは採決に対する党執行部の指示に従って一斉に行動する。とりわけ野党の議員たちは、執行部が「本会議採決の拒否」と方針を決めると、1人も例外なくそれに従う。これについては、表1-3で合意指数を計算する際に用いられた法案数が政党間で異なる点からもわかる。すなわち、ハンナラ党、自由先進党、親朴連帯の場合、指数算出の対象となる法案数が全体法案数とほぼ同数なのに対して、統合民主党と民主労働党の法案数ははるかに少ない。統合民主党と民主労働党はそれぞれ117件、161件の法案に対して所属議員全員がその採決を拒否し、棄権したからである（チョン・ジンヨン 2010）。

表1-3で各政党が本会議採決に参加した場合、議員全員が一致した行動を示した法案の比率、すなわち合意指数が1を示す法案の比率を比べてみると、ハンナラ党34.3％、統合民主党57.6％、民主労働党97.5％である。この数値だけを見ると、イデオロギー的に進歩派に近いほど、そして政党規模が小さいほど一体性が高いと解釈できる。実際にイデオロギーと政党規模が政党の一体性と関連性をもっているのかについては、次項で計量分析を通じて検証する。

(2) 韓国型指数による一体性の測定

韓国の国会では、「所属議員全員による本会議採決の拒否」という特徴的な議会行動が存在するため、政党の一体性指数を直接適用するには限界があることがわかった。ただ、考え方によっては、「所属議員全員による採決拒否」は最も高い水準の一体性を示していると見ることができる。したがって、政党の一体性を評価する際に、政党単位の採決拒否も一体性を表している決定に含めることは妥当である。2008年の第18代国会議員選挙で過半数の168議席を獲得したハンナラ党の場合、多数党として本会議採決に参加しない理由がないため、全員による採決拒否の回数が多い統合民主党と民主労働党における一体性が高まると予想される。

本章では、議会内政党の「政党単位の採決拒否」を含め分析可能な、新し

表 1-4　第 18 代国会における議会内政党の一体性（韓国型）

政党	（議員数）	(1)政党一致採決拒否指数		(2)政党一致投票指数		(3)政党一体性指数（投票＋拒否）	
		件数	比率(％)	件数	比率(％)	件数	比率(％)
ハンナラ党	(168)	0	0.0	193	45.1	193	45.1
統合民主党	(82)	117	27.3	185	43.2	302	70.6
自由先進党	(18)	1	0.2	347	81.1	348	81.3
親朴連帯	(8)	0	0.0	406	94.9	406	94.9
民主労働党	(5)	161	37.6	251	58.6	412	96.3

（註）分析対象は、2008 年第 18 代国会の会期開始から 2009 年 3 月 3 日まで国会本会議に提出された 428 の法案である。
（出典）筆者作成。

い「韓国型の政党の一体性指数」を提案する。ここでは、政党の一体性が 1 になる政党一致投票（party unity voting）の類型を 3 つに区分している。つまり、同一政党に所属する議員全員が賛成した場合、同一政党に所属する議員全員が反対ないし棄権した場合、最後に同一政党に所属する議員全員が採決を拒否し参加していない場合である。ここで、棄権は消極的な意味の反対とみなし、反対と棄権は同様のものとして扱った。

　428 の法案を対象に各政党の一体性を計算した結果は表 1-4 のとおりである。表 1-4 の (1) は同一政党の所属議員全員が本会議採決を拒否した「政党一致採決拒否指数」を、(2) は本会議採決の拒否を考慮していない「政党一致投票指数」を、(3) は「政党一致採決拒否を含む政党の一体性指数」である。この表でまず目を引くのは、採決拒否を除く政党一体性指数 (2) では、統合民主党（43.2）が最も低い値を示しているのに対して、採決拒否も含む政党の一体性指数 (3) では、70.6 と大幅に上昇しており、全く変化していないハンナラ党の指数（45.1）を大きく上回っていることである。民主労働党の場合も同様の傾向を示している。採決拒否を除いた政党一体性指数は 58.6 だが、採決拒否を含む指数は 96.3 であり、議会内政党の中で最も高いレベルの一体性を示している。ハンナラ党とイデオロギーおよび政策位置の面で遠く離れている統合民主党と民主労働党が政党の単位で採決拒否を戦略的に選択していることがわかる。

表1-5　政党の一体性に関連する指標

政党	一体性	イデオロギー	イデオロギー異質性	イデオロギー極端さ	議席数	与党ダミー
ハンナラ党	45.1	6.14	0.60	0.79	168	1
統合民主党	70.6	3.76	1.18	1.59	82	0
自由先進党	81.3	6.00	0.79	0.65	18	0
親朴連帯	94.9	6.20	2.15	0.85	8	0
民主労働党	96.3	0.75	0.04	4.60	5	0

（出典）表1-6とあわせ、筆者作成。

表1-6　政党の一体性に関連する指標間の相関係数

	一体性	イデオロギー	議席数	与党ダミー	イデオロギー異質性	イデオロギー極端さ
一体性	1.00	−0.42	−0.98**	−0.87†	0.20	0.47
イデオロギー		1.00	0.33	0.37	0.60	−0.97**
議席数			1.00	0.89*	−0.17	−0.37
与党ダミー				1.00	−0.25	−0.30
イデオロギー異質性					1.00	−0.61
イデオロギー極端さ						1.00

（註）**$p<0.01$　*$p<0.05$　†$p<0.10$　N=5

　表1-4の政党の一体性指数を見ると、前述したヒックスらの合意指数と同様、政党のイデオロギーが進歩派寄りであるほど、そして政党の議席数が少ないほど政党の一体性が高い。そして、政府与党でありながら多数党でもあるハンナラ党の一体性は、野党より著しく低い。これは、議院内閣制と異なって投票結果が大統領に対する信任とは無関係であるからだと説明することができる。加えて、ハンナラ党は、第二党の統合民主党に比べてほぼ2倍に達する議席数をもっているため、議員の政策選好がより広く分布している可能性が指摘できよう。また、国会における意思決定構造の特徴によって、野党が与党より高い一体性を有権者に誇示する必要に迫られている、と考えることもできる。

(3) イデオロギー的同質性の影響

　政党の一体性に関する既存の研究では、説明変数として政党内のイデオロギー的同質性（凝集性）、政党イデオロギーの極端さ、与野党の違い、議席数などが検討されてきた。第18代国会を対象にこれらの変数を示したものが表1-5である。イデオロギー的同質性については、まず各政党の所属議員のイデオロギー・データを用いた分散分析を行い、分散の値が高いほどイデオロギー的同質性が低いとみなした。そして、イデオロギーの極端さは国会全体のイデオロギー平均値から各政党がどの程度離れているのかを測定した。

　表1-6は、表1-5の各指標と政党の一体性との関連性を調べるために相関分析を行った結果である。分析の結果、議席数と与党のダミー変数が政党の一体性と統計的に有意な相関関係を示した。政党イデオロギーに関する3つの変数の中で一体性と統計的に有意な関連性を示すものは1つもない点は注目に値する。つまり、イデオロギー的に進歩的で、極端なイデオロギーをもつ政党の方が政党の一体性が大きくなるが、統計的に有意ではないのである。この結果から、政党の一体性に見られる差はイデオロギー的な性向とは関連がないことがわかる。

　そして、政党の議席数が少ないと一体性は高い。所属議員のイデオロギーと政策選好が同質的ではない場合、議員数が多くなるほど議員たちを党議拘束で縛ることが難しくならざるを得ない。特に、強い政党規律で議員を統制している場合はそうなりやすい（Volden and Bergman 2006：91）。

　最後に、与党よりも野党の方が高い一体性を示していることがわかる。野党は与党に比べて法案成立と政策実行の責任から比較的自由であるため、反対の立場で一致した行動をとることが容易である。そして、政策決定の負担と責任が与党内部で対立を引き起こすなど、野党より規模が大きい政府与党では一体性を確保することが難しくなると考えられる（Rahat 2007）。韓国国会の政治過程は伝統的に与野党間の対立を軸に展開されてきた。単なる立法活動に限らず、予算審議や行政府に対する監督においても、国会と行政府の対立ではなく、与野党間の対決がより顕著に現れる。したがって、与野党という地位の違いは、国会議員と政党の行動を説明するうえで重要である。本章では、政党の一体性にも与野党における立場の違いが影響を与えているこ

とが明らかになった。

おわりに──知見と展望

　本章では、政治制度の特徴に注目しながら、日本と韓国における政党の一体性について検討した。日本の場合、韓国のように本会議の投票記録が残る採決データを利用した一体性の測定ができないため、同じ指標をもとに両国における政党の一体性を比較することはできない。しかし、日本の事例では、国会議員の離党行動などを通じて一体性について評価した結果、小選挙区制中心の選挙制度と議院内閣制の組み合わせである衆議院において、政党の一体性が参議院と地方議会に比べて高いことがわかった。一方、大選挙区単記非移譲制と二元代表制の組み合わせである市町村議会では政党の一体性が最も低く、政治制度による影響が明らかである。

　それに対して、日本と同様に小選挙区比例代表並立制を採用している韓国の場合、本会議採決を分析した結果、政党には高い一体性が確認された。もちろん議席全体で比例議席が占める割合では、日本（38％）が韓国（18％）の２倍以上で、日本では惜敗率制度を採用しているなど相違点もあるが、両国は、１人２票の小選挙区比例代表並立制という選挙制度を採用し、政党による公認が当選にきわめて重要である点で共通している。ただし韓国の場合には、議会内における採決ルールなども考慮に入れるべきであることも指摘できる。

　次いで、日本と韓国は、議院内閣制と大統領制という異なる執政制度をもっているため、それによって大きく異なる帰結がもたらされる可能性がある。しかし、韓国の執政制度が議院内閣制的な要素が多く含まれた大統領制であることで、執政制度の相違がもたらす効果は減殺される。韓国では、中央集権的な権力を行使してきた「帝王的大統領制」の伝統が民主化以降も続いた。その結果、分割政府が出現しても、政府与党は政党合併や議員の引き抜きなどを通じて人為的に多数党を作り上げ、強力な大統領を頂点とするトップダウンの意思決定構造を支えてきた。すなわち、「政府与党による議会支配」という面で日本を含む議院内閣制諸国と近似した様相を示しているのである。

もっとも、与党であったハンナラ党の一体性が野党各党より低いことなど、議院内閣制には見られない特徴も存在しており、執政制度の効果が全くないというわけではない。

　また、政党の執行部が規律によって一体性を確保する手段をもっている点でも、日韓両国は共通する。日本の場合には、小選挙区制中心の選挙制度と議院内閣制の組み合わせの下で、特に衆議院に関しては、大政党の執行部は公認権や政治資金配分によって強い規律を作用させうる。韓国の場合、大統領と政府与党は、国務委員と党役員の人事、候補者公認、政治資金の配分など政治的資源を独占することにより、所属議員に対して強い政党規律を要求してきた。野党も執行部が公認権を含む政治的資源を武器に、所属議員に強い政党規律を働かせてきた。

　このように、両国ともに政党の一体性は、政党のイデオロギー的な同質性（凝集性）ではなく、強い政党規律によって確保されていると見るべきであろう。日本の政党にイデオロギー的同質性が乏しいことはしばしば指摘されるが、議員や候補者へのサーベイからもそのことは確認できる。韓国では2000年以降、政党の理念的なアイデンティティが明確化しつつあるが、まだ今のところは政党のイデオロギーが各政党の一体性と直接的な関連性をもっているとはいえない。これは、日本と同様、韓国でも政党間のイデオロギー的差異が政党の一体性を説明できる変数として重要な意味をもっているとはいえないことを意味する。

　最近韓国では、選挙制度の比例性を高める方法として比例代表の議席数を増やす改革案と惜敗率の導入などが議論されている。これらの改革案が実現すると日韓両国の選挙制度における類似性はさらに高まると考えられる。したがって、両国の政治過程を比較研究するうえで、選挙制度と執政制度に焦点を当てた比較政治制度論アプローチはこれからも有効な枠組みを提供してくれるであろう。

＜参考文献＞
【日本語】
飯尾潤．2007．『日本の統治構造』中央公論新社．

大嶽秀夫（編）．1996．『政党再編の研究』有斐閣．
大嶽秀夫．1999．『日本政治の対立軸』中央公論社．
大村華子．2012．『日本のマクロ政体』木鐸社．
大山礼子．2003．『比較議会政治論』岩波書店．
―――．2011．『日本の国会』岩波書店．
全国都道府県議会議長会．2010．「全国都道府県議会議員所属会派別一覧表」オンライン公開資料（http://www.gichokai.gr.jp/newhp/075gaikyo/web/2010/22kaiha.pdf）2011年3月23日最終アクセス．
曽我謙悟・待鳥聡史．2007．『日本の地方政治』名古屋大学出版会．
高安健将．2011．「現代英国における政党の凝集性と議員候補者選定」日本政治学会（編）『年報政治学2011-Ⅱ　政権交代期の「選挙区政治」』木鐸社：147-177．
建林正彦．2012．「マルチレベルの政治制度ミックスと政党組織」『レヴァイアサン』51号：64-92．
建林正彦・曽我謙悟・待鳥聡史．2008．『比較政治制度論』有斐閣．
谷口将紀・上之原秀晃・境家史郎．2009．「2009年総選挙　誰が自民党政権を終わらせたのか」『世界』12月号：74-84．
待鳥聡史．2012．『首相政治の制度分析』千倉書房．
山本健太郎．2010．『政党間移動と政党システム』木鐸社．

【韓国語】
国会事務処．2008．『議政資料集』．
国会議案情報システム（http://likms.assembly.go.kr/bill/jsp/main.jsp）2012年9月20日最終アクセス．
カ・サンジュン．2010．「第18代国会における理念的な変化の特徴」『韓国政治研究』19(1)：21-43．
カン・ウォンテク．2010．『韓国における選挙政治の変化と持続』ナナム．
キム・スジン．2008．『韓国の民主主義と政党政治』白山書堂．
キム・ヨンホ．2001．『韓国政党政治の理解』ナナム．
チャン・フン．2001．「韓国大統領制における不安定性の起源：分割政府の制度的、社会的、政治的起源」『韓国政治学会報』35(4)：107-127．
チェ・ジャンジプ．2010．『民主化以降の民主主義』フマニタス．
チョン・ジンミン．2004．「韓国の大統領制の問題点とその克服方法：政府形態と政治制度の調和性を中心に」『韓国政党学会報』3(1)：279-304．
チョン・ジンヨン．2010．「第18代国会における議会内政党の凝集性の分析」『韓国政党学会報』9(2)：119-139．
パク・キョンミ．2008．「第18代総選挙の公認と政党組織：ハンナラ党と統合民主党を中心に」『韓国政党学会報』7(2)：239-265．
パク・チャンウク．2004．「第17代総選挙における1人2票制と有権者の分割投票：選

挙制度の微視的な効果の分析」『韓国政治研究』13(2)：39-85.
―――.2005.「地位亀裂の解消と均衡政治：選挙区制改革の議論を中心に」『韓国政治研究』14(2)：69-125.
―――.2009.「社会亀裂と投票選択：地域、世代、理念の影響」『変化する韓国の有権者3』東アジア研究院：181-203.

【英　語】

Aldrich, John H. 2011. *Why Parties?* Chicago: University of Chicago Press.
Bowler, Shaun, David M. Farrell and Richard S. Katz. 1999. "Party Cohesion, Party Discipline, and Parliaments," Shaun Bowler, David M. Farrell and Richard S. Katz, eds.. *Party Discipline and Parliamentary Government*. Columbus: Ohio State University Press: 3-22.
Cox, Gary W. and Mathew D. McCubbins. 2005. *Setting the Agenda*. New York: Cambridge University Press.
―――――.2006. *Legislative Leviathan*（second edition）. Berkeley: University of California Press.
Hix, Simon, Abdul G. Noury and Gerard Roland. 2007. *Democratic Politics in the European Parliament*. Cambridge: Cambridge University Press.
Jensen, Torben K. 2000. "Party Cohesion," Peter Esaiasson and Knut Heidar, eds.. *Beyond Westminster and Congress: The Nordic Experience*. Columbus: Ohio State University Press: 210-236.
Owens, John E. 2003 "Explaining Party Cohesion and Discipline in Democratic Legislatures: Purposiveness and Contexts," *Journal of Legislative Studies Quarterly* 9(4): 12-40.
Rahat, Gideon. 2007. "Determinants of Party Cohesion: Evidence from the Case of the Israeli Parliament," *Parliamentary Affairs* 60(2): 279-296.
Rice, Stuart A. 1925. "The Behavior of Legislative Groups: A Method of Measurement," *Political Science Quarterly* 40(1): 60-72.
Rose, Richard. 1984. "Electoral Systems: A Question of Degree or of Principle?" Arend Lijphart and Bernard Grofman, eds.. *Choosing an Electoral System: Issues and Alternatives*. New York: Praeger: 73-81.
Volden, Craig and Elizabeth Bergman. 2006. "How Strong Should Our Party Be? Party Member Preferences Over Party Cohesion," *Legislative Studies Quarterly* 31(1): 71-104.

第2章

分割政府の日韓比較

康元澤・浅羽祐樹

はじめに

　「ねじれ国会」や「与小野大」という用語が人口に膾炙するほど、日韓それぞれの政治において「分割政府」が一般化している。日本では、1980年代末以降、衆議院の多数派として首相や内閣を構成している党派が参議院では少数派になる「衆参ねじれ」がしばしば起き、「決められない政治」の元凶として批判されてきた。特に、東日本大震災時におけるリーダーシップの欠如は、当時の菅直人首相や民主党政権といった特定の個人や政党の未熟さだけによるものなのか、それとも参議院で過半数割れしていたという構造的な要因もあるのか、関心を集めた。その後、2012年12月の総選挙で自民党への政権交代と第2次安倍晋三内閣の成立、さらに2013年7月の参議院選挙でねじれが「解消」されたことによって、「決められる政治」への期待が高まった。

　韓国でも民主化以降最初の1988年4月の総選挙で、その前年12月に盧泰愚を大統領として輩出した「与」党が国会では少数派（「小」）で「野」党が多数派（「大」）という「与小野大」が出現し、その後も総選挙で与党は勝てなかった。特に、初めて政権交代を果たした金大中とその後を継いだ盧武鉉という2人の大統領は、5年間の任期のほとんどを「与小野大」国会と対峙した。他方、再び政権交代を果たした李明博、そして今日の朴槿恵大統領は、総選挙で相次いで勝利し、与党が国会で過半数を占める「与大野小」という

前任の二者とは全く異なる政治環境にいる。

　2014年12月現在、日韓両国は首相や大統領と国会の多数派の党派が同じ「統合政府」であるが、1980年代以降、それぞれの政治において分割政府は例外というよりも、むしろ一般化していた。にもかかわらず、「ねじれ」や「与小野大」の「解消」という表現に見られるように、「統合政府＝正常」「分割政府＝異常」として理解する傾向が一般には強い。畢竟、そこには党派的な含意が伴うにもかかわらず、無自覚な場合も少なくない。本章では、分割政府について政治の「常態」の1つとして適切に理解するために、政治制度の比較研究の中に位置づけ、その発生原因や政治的帰結を明らかにする。

　執政制度や議会制度、さらには選挙制度や政党制度といった政治制度はそれぞれが単独で効果（a constitutive effect）を及ぼすというよりも、「マルチレベルの政治制度（multi-level political institutions）」（建林 2012；2013）が組み合わさって帰結（interactive effects）をもたらすというのが新制度論の近年の知見である。しかし、日本で1990年代に衆議院の選挙制度を改正したときは、「二大政党制の実現」や「総選挙を通じた政権交代」という効果は期待されていたが、参議院との二院制という議会制度や、その選挙制度との関係についてはほとんど問題にされなかった。その結果、参議院の権限はそもそも強く、その選挙制度上、多数派を形成しにくいことは以前から何も変わっていないのに、「衆参ねじれ」という分割政府は、政府・与党にとってだけでなく、一般にも「異常」に映ったのである。韓国でも、民主化し、憲法や選挙制度を相次いで改正したときに、「与小野大」をはじめから意図していたわけではない。むしろ、日韓両国において分割政府は、制度デザインと実際の政治過程の間に生じた「意図していなかった帰結（unintended consequences）」にほかならない。そのため、分割政府の日韓比較は、政治制度、特にマルチレベルの政治制度に関する比較分析において、ここ20年間の新制度論の成果が最大限活用されるべき研究テーマである。

　本章では、ほかの章のように同一の分析枠組みにもとづいて日韓を比較するのではなく、それぞれ制度デザインと実際の政治過程について比較する。そうすることで、各国に固有の制度環境において分割政府が生じる理由やその政治的帰結について明らかにする。

I 分割政府とは何か

1 定義

「分割政府（divided government）」やその対となる「統合政府（unified government）」はそもそも大統領制に対して用いられる概念である。日本は議院内閣制で、大統領制の韓国とは執政制度が異なるため、分割政府の日韓比較では、議院内閣制における分割政府とは何なのかが特に問題になる。本節では、まず、執政制度や議会制度と関連させながらそれぞれの定義を明らかにしたうえで、日韓それぞれの事例について時期ごとに類型化する。

大統領制における分割政府とは、大統領所属党（presidential party）が議会多数派でないことである。より一般的には、大統領と議会多数派の党派構成が異なることを意味する。逆に、統合政府とは、大統領所属党が議会多数派であること、より一般的には、大統領と議会多数派の党派構成が同じことをいう。韓国のように議会が一院制の場合、この定義に従って分割政府なのか統合政府なのかは時期ごとに容易に類型化できる。

執政制度が大統領制でも、米国のように議会が二院制の場合は少し複雑になるが、基本的な考え方は同じである。二院制大統領制では、議会の上院か下院のいずれか1つ、または両方の院で大統領所属党が少数派であることを分割政府として定義することができる。より一般的には、大統領と二院制議会の少なくとも1つの院の多数派の党派構成が異なることを意味する。他方、統合政府とは、大統領所属党が議会の両院で多数派であること、より一般的には、大統領と議会のそれぞれの院の党派構成が同じことをいう。

大統領制では、大統領と議会はそれぞれ国民に直接選出され、両者とも民主的委任を受けているため、議会にのみ正統性がある議院内閣制とは異なり「二重の民主的正統性（dual legitimacy）」があるのが特徴である。そのため、両者が対立した場合、内閣総辞職や議会の解散のように制度的に解決する方法が存在しない。大統領と議会の多数派の党派構成が同じ統合政府では特に問題にならないが、互いに異なる分割政府の場合、行政権を有する大統領と立法権を有する議会の間の対立が解消されない蓋然性がある。そうなると、大統領は自らの政策アジェンダ、法案、人事などを進められなくなる。それ

ゆえ、分割政府は大統領の国政運営、政党間関係など政治システム全般に大きな影響を及ぼす。

他方、執政制度が議院内閣制の場合、首相と議会多数派の党派構成が同じことは前提とされていて、それが議院内閣制の最大の制度的特徴である。もちろん、少数内閣（minority government）も存在しないわけではないが、連立を通じてであれ、統合政府が原則なのは間違いない。政府と与党は一体で、議会で少数派としての野党に対峙しているというのが基本的な構図である。

それでは、日本のように、議会が二院制の議院内閣制の場合はどうなるのか。竹中治堅は衆議院での多数派が参議院では少数派となる「衆参ねじれ」「ねじれ国会」について、「日本型分割政府」と名づけている（竹中 2004；2005）。「日本型」に限らず、二院制議院内閣制における分割政府とは、首相や第一院多数派が第二院多数派でないこと、より一般的には、首相や第一院多数派と第二院多数派の党派構成が異なることとして定義することができる。換言すると、首相をはじめ内閣を構成している党派が第一院では多数派だが第二院では少数派であることを意味する。逆に、統合政府とは、首相や第一院多数派が第二院でも多数派であること、より一般的には、首相や第一院多数派と第二院多数派の党派構成が同じこと、さらには首相をはじめ内閣を構成している党派（prime minister's party、以下、首相輩出党）が第一院だけでなく第二院でも多数派であることをいう。もちろん、二院制においても、首相と第一院多数派の党派構成が同じことは前提とされている。つまり、「衆参ねじれ」や「ねじれ国会」は「日本型」というよりも、二院制議院内閣制における分割政府の1つとして位置づけることができる。

2　時期別の類型

次に、上記の定義にもとづいて、日韓それぞれの事例について時期ごとに類型化する。首相輩出党や大統領所属党の国会における議席数が過半数を超えているかどうかだけでなく、後述する立法や弾劾をめぐる首相や大統領と国会との間の権限の関係で、それぞれさらに細分化する。

日本については、首相輩出党の衆議院における議席率（p）に応じて3つに類型化する。第1に、首相輩出党が衆議院と参議院の両方で多数派を占め

ている場合である。第2に、首相輩出党が参議院では少数派であるが、衆議院では単に過半数であるだけでなく3分の2という特別多数を有している場合（$2/3 \leq p$）である。第3に、首相輩出党が参議院で少数派であり、衆議院では3分の2には達していないが単純多数は満たしている場合（$1/2 \leq p < 2/3$）である。第1の類型は統合政府で、第2と第3の類型はどちらも分割政府に該当するが、後者をさらに2つに細分化して類型化するのは、それぞれの政治的帰結に制度上明確な差が生じるからである。便宜上、本章では、前者を分割政府（a）、後者を分割政府（b）と表す。

韓国についても、大統領所属党の国会における議席率（q）に応じて3つに類型化する。第1に、大統領所属党が国会で多数派を占めている場合である（$1/2 \leq q$）。第2に、大統領所属党が国会で少数派であるものの、3分の1は満たしている場合である（$1/3 \leq q < 1/2$）。第3に、大統領所属党が国会で少数派であるだけでなく、3分の1にも達していない場合である（$q < 1/3$）。第1の類型は統合政府で、第2と第3の類型はどちらも分割政府に該当するが、後者をさらに2つに細分化して類型化するのは、立法や弾劾など重要な政治的決定に対して制度上明確な差が生じるからである。便宜上、本章では、前者を分割政府（x）、後者を分割政府（y）と表す。

（1）日本の事例

この類型に従い、日本の事例について時期ごとに整理すると**表2-1**のとおりである。始点を1996年10月に定めているのは、選挙制度が1994年に改正されて以降最初に実施された衆議院選挙という意味で、諸政治制度が現行のとおりになった時期に限定している。そのため、1989年の参議院選挙で自民党が過半数割れしてから1993年の衆議院選挙で政権交代が起きるまで続いた分割政府は取り上げない。1996年10月から現在までの18年間あまりは、表2-1のとおり、8つの時期に分類できる。そのうちの4つが分割政府、残り4つが統合政府で、分割政府が日本政治において例外ではないことは明らかである。

最初の分割政府は、1998年7月の参議院選挙で自民党が改選126議席のうち44議席しか得られず、非改選議席と合わせても103議席で、過半数の

表2-1 日本における分割／統合政府に関する時期ごとの類型

時期	分割／統合政府	内閣	局面変化の原因
1996年10月～1998年7月	統合政府	橋本龍太郎（1996年1月～1998年7月）	制度改正後初の衆議院選挙
1998年7月～1999年10月	分割政府(b)	小渕恵三（1998年7月～2000年4月）	参議院選挙敗北
			自由党・公明党との連立
1999年10月～2007年7月	統合政府	森喜朗（2000年4月～2001年4月）	
		小泉純一郎（2001年4月～2006年9月）	
		安倍晋三（2006年9月～2007年9月）	
2007年7月～2009年8月	分割政府(a)		参議院選挙敗北
		福田康夫（2007年9月～2008年9月）	
		麻生太郎（2008年9月～2009年9月）	
2009年9月～2010年7月	統合政府	鳩山由紀夫（2009年9月～2010年6月）	衆議院選挙で政権交代（自民党→民主党）社民党・国民新党との連立
2010年7月～2012年12月	分割政府(b)	菅直人（2010年6月～2011年9月）	参議院選挙敗北
		野田佳彦（2011年9月～2012年12月）	
2012年12月～2013年7月	分割政府(a)	安倍晋三（2012年12月～現在）	衆議院選挙で政権交代（民主党→自民党）公明党との連立
2013年7月～現在	統合政府		参議院選挙勝利

（出典）筆者作成。
（註）分割政府の時期に網掛け。
（註）民主党内閣に網掛け。

126議席(総定数252)を大きく割り込んだため出現した。その結果、橋本龍太郎内閣は責任をとって総辞職し、後継の首相指名で参議院は衆議院とは異なり菅直人を選出したが、衆議院の指名を優先する憲法の規定によって小渕恵三内閣が成立した。野党が多数を占める参議院では、同年10月に閣僚に対する問責決議が初めて可決され額賀福志郎防衛庁長官が辞任したり、いわゆる金融国会では野党案を丸のみせざるを得なかったり、それ以前の統合政府の時期とは明らかに異なっていた。自民党は翌1999年1月に参議院で12議席の自由党、同年10月に22議席の公明党と相次いで連立し、参議院での過半数を確保することで統合政府に転じた。その後8年間近く、自公の連立政権による統合政府という形態が続いた。

次に分割政府が出現したのは、その連立政権が2007年7月の参議院選挙で敗北したからである。改選121議席(2001年の選挙から総定数が252から242に削減)のうち、自民党と公明党はそれぞれ37議席と9議席しか獲得できず、野党・民主党の60議席を大きく下回り、非改選と合わせても自民党83議席、公明党20議席、連立与党として103議席にすぎなかった。一方、民主党は109議席で第一党になった。その結果、参議院の議長と議院運営委員長に民主党の江田五月と西岡武夫がそれぞれ選出され、小沢一郎を首相に指名するなど、参議院は民主党主導で運営された。

2009年8月の衆議院選挙で民主党は自民党からの政権交代を実現させただけでなく、社民党(2010年5月に連立離脱)や国民新党と連立し参議院でも過半数を確保することで、統合政府の下、期待を集めた。しかし、1年も経たないうちに翌2010年7月の参議院選挙では、改選121議席のうち、民主党は44議席で、国民新党は1議席も獲得できず、非改選65議席と合わせても民主党106議席、国民新党3議席、連立与党として109議席で、少数派に転落した。

2012年12月の衆議院選挙で自民党は圧勝し、民主党からの政権交代を実現させたが、参議院では過半数割れのままで、与党は替わったものの、依然として分割政府のままだった。翌2013年7月の参議院選挙で「ねじれ解消」を掲げた自民党と公明党はそれぞれ65議席と11議席を獲得し、非改選と合わせて135議席で、統合政府を実現させた。ただ、自民党単独だと115議席

で過半数に6議席足りず、20議席を有する公明党との連立が欠かせない状況である。

概観したとおり、分割政府は諸政治制度が現行のようになって以降、日本政治において例外ではない。4回発生したうち3回は、1998年、2007年、2010年のように、参議院選挙における政権与党の敗北によるものである。残りの1回は、2012年のように、衆議院選挙で勝利し政権交代を果たしたものの、参議院では少数派のままだったことによるものである。

(2) 韓国の事例

次に、韓国の事例について時期ごとに整理すると表2-2のとおりである。始点を1988年5月に定めているのは、民主化以降最初に成立した国会という意味で、諸政治制度が現行のとおりになった時期に限定している。それ以降現在に至るまでおよそ27年間は、表2-2のとおり、17の時期に分類できる。そのうちの10が分割政府、残り7つが統合政府で、分割政府は韓国政治においても例外ではないことが明らかである。

最初の分割政府は、1988年総選挙で大統領所属党の民主正義党が299議席のうち125議席しか得られなかったため出現した。1987年大統領選挙で敗北した平和民主党、統一民主党、新民主共和党はそれぞれ70議席、59議席、35議席を獲得し、野党全体で164議席を占め、「与小野大」国会で盧泰愚大統領に対峙した。その中で、権威主義体制期の「第5共和国の清算」を迫り、全斗煥前大統領を山寺に蟄居させた。

1992年総選挙でも、大統領所属党の民主自由党は149議席を獲得し、過半数にわずか1議席ではあるが及ばなかった。1996年総選挙でも、大統領所属党の新韓国党は299議席のうち139議席を獲得し、過半数に11議席足りなかった。

2000年総選挙では、金大中（DJ）を大統領、金鐘泌（JP）を国務総理（首相）とする「DJP連合」という執政連合を組んでいた新千年民主党と自由民主連合は、それぞれ115議席と17議席を獲得し、合わせても132議席で、ハンナラ党の133議席を下回った。このとき、国会の総定数は273で、過半数は137議席であった。このように、10回の分割政府の中で4回は、総選

表 2-2　韓国における分割／統合政府に関する時期ごとの類型

時期	分割／統合政府	大統領	局面変化の原因
1988年5月～1990年1月	分割政府(x)	盧泰愚(1988年2月～1993年2月)	1988年総選挙敗北
1990年1月～1992年4月	統合政府		統一民主党・新民主共和党との合併、民主自由党成立
1992年4月	分割政府(x)		1992年総選挙敗北
1992年4月～1996年4月	統合政府	金泳三(1993年2月～1998年2月)	野党・無所属議員の入党
1996年4月	分割政府(x)		1996年総選挙敗北
1996年4月～1998年2月	統合政府		野党・無所属議員の入党
1998年2月～1998年8月	分割政府(x)	金大中(1998年2月～2003年2月)	1997年大統領選挙で政権交代（ハンナラ党→国民会議）自由民主連合と連立
1998年8月～2000年5月	統合政府		野党・無所属議員の入党
2000年5月～2001年4月	分割政府(x)		2000年総選挙敗北
2001年4月～2001年9月	統合政府		民主国民党とも連立
2001年9月～2003年2月	分割政府(x)		自由民主連合政権離脱
2003年2月～2003年9月	分割政府(x)	盧武鉉(2003年2月～2008年2月)	
2003年9月～2004年5月	分割政府(y)		民主党分裂・ウリ党成立
2004年5月～2005年3月	統合政府		2004年総選挙勝利
2005年3月～2008年2月	分割政府(x)		選挙法違反などで議員職喪失
2008年2月～2008年5月	分割政府(x)	李明博(2008年2月～2013年2月)	2007年大統領選挙で政権交代（大統合民主新党→ハンナラ党）
2008年5月～現在	統合政府		2008年総選挙勝利 2012年総選挙勝利
		朴槿恵(2013年2月～現在)	

（出典）筆者作成。
（註）分割政府の時期に網掛け。
（註）同じ進歩系政党に属する金大中・盧武鉉政権に網掛け。それ以外は同じ保守系政党に属する。

挙で大統領所属党が過半数議席を確保できず生じたものである。

　2004年総選挙では、大統領所属党のウリ党は152議席を獲得し、299議席の過半数をわずかながら初めて上回った。しかし、1年も経たないうちに、所属議員が選挙法違反などで議員職を失い、その後実施された補欠選挙で敗北したため過半数割れし、分割政府に転じた。

　さらに、大統領選挙において、国会で少数派だった党派が勝利したため分割政府になった例も3つある。1997年大統領選挙で初めて政党間の政権交代を実現した金大中は金鍾泌と執政連合を組んだが、国会では少数派で、国会の同意が必要な国務総理を任命できず、国務総理署理（代理）という便法を採らざるを得なかった。2002年大統領選挙では、金大中と同じ政党から盧武鉉が当選したが、国会は基本的に2000年総選挙の党派構成で、大統領所属党は少数派のままである。2007年大統領選挙では、ハンナラ党の李明博が勝利し、再び政党間の政権交代が生じたが、当時国会で過半数を占める政党は存在しなかった。

　このほか、2001年に執政連合から自由民主連合が離脱することで生じた分割政府が1つある。また、2003年に大統領所属党の民主党が分裂し、47議席しかないウリ党が誕生したことで、分割政府（x）から分割政府（y）へと類型が変化した例がある。盧武鉉大統領はその翌年民主党も賛成する中で国会によって弾劾訴追されたが、分割政府（x）のままだと阻止することができた（浅羽 2004）。

　総選挙の結果生じた分割政府における国会運営に直面した大統領は、野党や無所属の議員を個別に大統領所属党に入党させたり、場合によっては、1990年の民主正義党と統一民主党や新民主共和党との合併による民主自由党の結党のように、野党そのものを吸収したりすることによって、なんとしてでも統合政府へと局面を変えようとした。しかし、その次の総選挙で再び分割政府が生じたというのは、分割政府が「有権者の選択」（キム・ヨンホ 2001：476）によるものであるということを示している。

　同時に、最近の2人の大統領が統合政府であるのも「有権者の選択」の結果である。李明博大統領は、就任時は分割政府だったが、直後に実施された2008年総選挙でハンナラ党が勝利することで、統合政府を実現させた。さ

らに、2012年総選挙でもハンナラ党から改組したセヌリ党が勝利し、2013年2月に就任した朴槿恵大統領は初めから統合政府である。

Ⅱ　なぜ分割政府が問題なのか

　分割政府は互いに競合する党派が異なる権力機関を掌握しているため、政治的対立が生じる可能性が統合政府に比べて高い。日本、韓国の順にそれぞれ制度的観点から分析する。

1　日本の事例

　最初に、日本の事例について検討する。二院制議院内閣制の日本で分割政府が問題になるのは、参議院の役割や機能、つまり存在理由が世界に数ある第二院の中でも際立っているためである。その特徴を明らかにするために、まず、二院間の権限や選好の異同による類型において参議院を位置づける。そのうえで、一般には衆議院と参議院それぞれの多数派の党派構成が異なることを「ねじれ」というが、そもそも「ねじれ」ているのは何なのかについて、制度デザインと実際の政治過程を比較することで明らかにする。最後に、なぜ、そうした「ねじれ」が生じやすいのかについて説明する。

(1) 強い参議院

　第二院について、第一院との関係において権限が対称的かどうか、選好が似ているかどうかの2つの軸で4つに分類すると、**表2-3**のとおりである（Lijphart 2012：ch. 11）。第1に、権限が非対称的で選好が似ている場合（第Ⅰ象限）である。第二院の方が弱く、異論もないため、二院間の関係はそもそも問題にならない。第2に、権限が対称的で選好が似ている場合（第Ⅱ象限）である。第一院との間で異論がないため、第二院の権限の強さは問題にならない。第3に、権限が対称的で選好が異なる場合（第Ⅲ象限）である。この場合、第二院の異論を拒否する権限を第一院が有していないため、二院間の関係が問題になる。第4に、権限が非対称的で選好が異なる場合（第Ⅳ象限）である。第二院の異論を拒否する権限を第一院が有しているため、選

表2-3　権限と選好の異同による二院間の関係

選好＼権限	対称的	非対称的（第二院＜第一院）
似ている	強いが問題にならない（II）	問題なし（I）
異なる	強くて問題になる（III）	弱いので問題にならない（IV）

（出典）Lijphart（2012），ch.11を参照し筆者作成。

好の相違は問題にならない。

　参議院の権限は、二院制議会の中で、首相指名にも上院の同意が必要で両院が完全に対等なイタリアに次いで第二院の権限が強く、第一院の衆議院とほぼ対等であるといえる（岩崎 2013）。たしかに、憲法の規定上、首相指名（日本国憲法第67条第2項）、予算（同第60条第2項）、条約批准（同第61条）では、衆議院の優先が認められている。しかし、これ以外の法律制定や国会同意人事では、衆議院と参議院は事実上対等である。もちろん、法案が参議院で否決された場合、衆議院は再可決し成立させることができるが、そのためには、単純多数の2分の1ではなく特別多数の3分の2が必要であり（同第59条第2項）、この条件は常に満たされているわけではない。分割政府の類型化において、条件を満たしている場合（a）とそうでない場合（b）の2つにさらに細分化したのはこのためである。また、衆議院の優先が認められている予算や条約も、予算関連法案や条約関連法案が伴わなければならず、実質的には法律と同じ扱いである。国会同意人事については、参議院で否決されると衆議院で再可決し成立させることはそもそもできない。

　整理すると、分割政府（b）の場合、参議院は法律（予算関連法案や条約関連法案を含む）と国会同意人事で事実上の拒否権（veto）を有することになる。分割政府（a）の場合、衆議院は法律についてのみ参議院の拒否権を覆す（override）ことができるが、国会同意人事では不可能である。また、その場合でも、参議院の「みなし否決」に関する「60日ルール」（同第59条第4項）という制約が課せられる。つまり、憲法の規定では、首相指名、予算、条約批准の3つで衆議院の優先が認められているが、事実上、首相指名を除いて、第二院である参議院の権限は第一院である衆議院と対等である。

　次に、参議院の選好について検討する。それは選挙制度、選挙サイクル、

議会定数、票の等価性、政党制度に関連しているが、選出基盤が異なるため、衆議院とは選好が異なるといえる。

衆議院の選挙制度は小選挙区比例代表並立制で、任期は4年だが、満了する前に解散されることがある。選挙制度が改正される前の中選挙区制だったときと比べると、政党システムは多党制から二大政党制へ、そして全国化（nationalization）が進んだ。1つの選挙区に同じ政党の候補者は1人しかなくなり、個人投票（personal vote）より政党投票（party vote）が進んだため、分権的だった政党組織は集権化されるようになった。また、政党助成金が国庫から支出されるようになり、資金や公認権、そしてポストを掌握した政党執行部による一般議員に対する統制が強化された。

他方、参議院の選挙制度は、比例代表制で拘束名簿式から非拘束名簿式へと一部改正されたが、基本的にはそのままで、世界でも類例のない混合型である。選挙区と比例代表制の混合だが、選挙区は有権者が居住する都道府県によって小選挙区制の場合もあれば中選挙区制の場合もある。人口の少ない31の県では小選挙区制で、人口の多い残りの16の都道府県では中選挙区制（N＝2〜5）である。中選挙区制では、首相輩出党のように大政党は、同じ政党から複数の候補者が立ち、個人投票が強調される。任期は6年で、首相によって解散されることはない。そのため、政党執行部による一般議員に対する統制は相対的に弱い。そもそも衆議院に比べて定数が小さいうえに、3年ごとに半数ずつ改選され、都道府県が選挙区の単位になっているため、票の非等価性が高い。そのため、衆議院以上に農村が過大代表される反面、都市が過小代表されることで、政策選好にバイアスが生じる。つまり、衆議院と参議院はそれぞれ異なる選出基盤を有するため、参議院の選好は衆議院とは異なる。

要約すると、参議院の権限は首相指名を除いて衆議院と対称的で、選好も異なるということである。つまり、参議院は、二院制議会の中で、第二院の異論を拒否する権限を第一院が有していないため二院間の関係が問題になる類型に属するということである。

(2)「ねじれ」ているのは何なのか

　分割政府とは本来、「政府（government）」が分割していることを指すが、二院制議院内閣制の日本では、「衆参ねじれ」や「ねじれ国会」という表現に見られるように、分割しているのは議会であると理解されている。通常、「ねじれ」とは、衆議院の多数派が参議院では少数派であることをいうが、果たして、「ねじれ」ているのは何なのか。ここでは制度デザインと実際の政治過程を比較することで明らかにする。

　執政制度を分類するにあたって、執政府や執政長官（首相や大統領）の生存が議会や国民との間でどういう関係になっているかが重要である。議院内閣制では、内閣の成立や存続は議会に依拠していて、その議会を国民が選出する。つまり、民主的委任（delegation）は、国民から議会へ、そして内閣、さらには官僚へと続く反面、民主的応答（accountability）は逆に官僚から内閣へ、そして議会、さらには国民へと戻ってくるものとして想定されている。他方、大統領制では、大統領と議会はそれぞれ成立や存続において相互に独立していて、国民は両者とも別々に選出する。当然、民主的委任・応答の流れは議院内閣制とは異なる。議院内閣制では、一院制だけでなく二院制の場合（イタリアを除く）も、内閣の成立や存続は第一院にのみ依拠していて、第二院から独立している。つまり、第二院と内閣の間では民主的委任・応答の関係が成り立っていないということである。

　日本の場合も、内閣の成立は衆議院にのみ依拠していて、参議院から独立している。参議院も首相を指名するが、衆議院の指名と異なる場合、衆議院の指名が国会の指名となると憲法で規定されている（日本国憲法第67条第2項）。内閣の存続も、衆議院にのみ依拠していて参議院から独立している。衆議院で内閣不信任決議が可決されたり、内閣信任決議が否決されたりした場合、内閣は総辞職するか衆議院を解散しなければならないが（同第69条）、首相に対する参議院の問責決議には法的拘束力がない。このように、憲法の規定では、内閣の成立や存続は第一院である衆議院にのみ依拠していて第二院である参議院から独立していることになっているのは明らかである。

　しかし、実際は、内閣の成立や存続の両方において、参議院は大きな影響を及ぼしている。内閣の成立においては、参議院で多数派を形成するために

連立を組むことが常態化している。存続においても、法的拘束力はないものの、参議院で問責決議を受けた閣僚や首相が事実上交代する場合がある。また、参議院選挙の責任をとって内閣が総辞職する場合もあれば、参議院選挙の前に支持率の低い内閣が総辞職する場合もある。

つまり、「ねじれ」ているのは、衆議院と参議院それぞれの多数派の党派構成というよりも、内閣の成立や存続は衆議院にのみ依拠していて参議院から独立しているという憲法の規定と、内閣の成立や存続は衆議院だけでなく参議院にも左右されているという実際の政治過程の間なのである。

(3) なぜ「ねじれ」が生じるのか

それでは、内閣の成立や存続をめぐる憲法の規定と実際の政治過程の間の「ねじれ」以前に、通常いわれる「衆参ねじれ」「ねじれ国会」はなぜ生じるのか。換言すると、与党が参議院で多数派を得られない理由は何なのか。

第1に、衆議院選挙と参議院選挙の選挙サイクルが非同時（non-concurrent election）だからである。衆議院の任期は4年で首相による解散があるのに対して、参議院の任期は6年で解散がない。選挙日程が固定されている参議院選挙に合わせて首相が衆議院を解散し総選挙を実施する「衆参ダブル」、すなわち同時選挙（concurrent election）は、1980年と1986年に2回だけ事例があるが、それ以外はすべて非同時選挙である。同時選挙に比べると、非同時選挙では与党が苦戦する傾向がある。そもそも、政権選択に決定的でない「2次的選挙（second-order election）」としての参議院選挙では、政権選択に決定的な「1次的選挙（first-order election）」としての衆議院選挙と比べると、有権者は与党に対して懲罰（punishment）する性向がある（今井・日野 2011）。

第2に、参議院の定数は242で、3年ごとに半数の121ずつ改選されるため、与党が勝利したとしても、1回の選挙では参議院全体の過半数を獲得しにくい。確実に参議院で多数派を占めるには、選挙に2回続けて勝利する必要がある。選挙日程が固定されている中、解散が可能な衆議院とは異なって、与党に有利なタイミングで選挙を迎えることはそもそもできない。

第3に、その1回の選挙でも、衆議院と比べると、そもそも過半数を得にくい選挙制度になっている。参議院の選挙制度は、前述のとおり、選挙区と

比例代表制の混合で、選挙区は有権者が居住する都道府県によって小選挙区制の場合もあれば中選挙区制の場合もある。小選挙区制では、各政党の得票率と議席率が比例せず、大政党が効率よく議席を獲得し過半数に達しやすい。参議院の選挙区で小選挙区制は 31 の県で実施されていて、改選議席の 25.6% で、同じ混合型の衆議院選挙（定数 475 のうち小選挙区で配分される議席数は 295 で、62.1%）よりはるかに小さい。小選挙区制に比べると各政党の得票率と議席率が比例的になる中選挙区制は、16 の都道府県で実施されていて 42 議席を占め、改選議席の 34.7% に達し、小選挙区制より大きい。さらに、比例代表制の議席数は 48、改選議席の 39.7% で、これも衆議院選挙（定数 475 のうち比例代表制で配分される議席数は 180 で、37.9%）に比べてわずかながら大きい。そもそも、衆議院では 11 のブロックに分かれているのに対して、参議院では全国 1 区で、同じ比例代表制でも、より得票率に比例した議席率になりやすい。つまり、衆議院と比べると、参議院の方が多党制になりやすい選挙制度で、その分、1 つの政党が過半数を獲得しにくいということである。

　衆議院との非同時選挙で与党に懲罰を与えようとする有権者の性向、解散がなく 3 年ごとに半数ずつ改選されるという議会制度、各政党の得票率に比例的な議席配分になりやすい選挙制度によって、与党は参議院で多数派を得にくい。その結果、衆議院では多数派だが参議院では少数派という「衆参ねじれ」、すなわち二院制議院内閣制における分割政府が生じやすいのである。

2　韓国の事例

　次に、韓国の事例について検討する。大統領制の韓国で分割政府が問題になるのは、大統領と国会の機関間の対立よりもそれぞれを掌握した政党間の対立になり、それを解消する制度や慣行が確立されていないからである。まず、対立の軸がそのように形成される理由について、政党組織の観点から明らかにする。次に、一般には大統領 1 人による政府形成になる大統領制において政党が果たす機能について、議員の閣僚兼職など一部議院内閣制的要素が加味されている制度的特性との関連で位置づける。最後に、政党間対立を解消するべく、どのような試みが行われてきたのかについて説明する。

(1) 強い政党規律

　分割政府は韓国の大統領制にだけ固有の現象ではなく、二重の民主的正統性を有する大統領制国家であればどこでも生じうる。分割政府が問題になるのは、大統領と議会の間で対立が生じるとガバナビリティの低下や膠着状態の継続など政治的不安定さへとつながるという点である。それによって、政策の執行が適時に行われず、選挙時に有権者が失政の責任を行政府と立法府のそれぞれを掌握している政党のどちらに問えばよいのか不明確になる（Sundquist 1986）。

　ラテンアメリカの大統領制国家で見られるように、分割政府における大統領と議会の間の対立が激化すると、大統領が戒厳令や非常措置のような超憲法的手段に訴えたり、軍がクーデタを起こして憲政秩序それ自体を転覆させたり、議会が大統領を弾劾したりする事態につながりかねない。大統領と議会の間の対立による膠着状態の継続がラテンアメリカにおける大統領制国家の最も深刻な問題であるという指摘もある（Mainwaring 1992）。韓国でも、2004 年に盧武鉉大統領と「与小野大」国会の間の対立が激化し、国会による大統領の弾劾訴追という史上初めての事態につながった。

　しかし、分割政府が大統領と議会の間の対立の激化に必ずしもつながるわけではない。米国では、分割政府下で二重の民主的正統性によって生じる対立は大統領が主導して解消される。大統領が政策アジェンダごとに政党所属を問わず個別に議員に接触し説得することで支持を引き出すのである。こうした対立の解消が可能なのは、個別議員の自律性が強く、政党間の交差投票が可能なためである。

　他方、韓国では、政党規律が強く、執行部に対する一般議員の自律性が弱いため、大統領が野党議員から同意を得ることは難しい。「3 金（金泳三・金大中・金鐘泌）時代」には、政党は地域という確固たる支持基盤を有するカリスマ的指導者によって形成され、上から完全に統制されていた。各政党の支持基盤における公認は事実上当選を意味したため、「3 金」は公認権や資金を掌握することで政党を「私党化」した。そのため、野党議員は本来大統領と政策選好が近くても、所属政党のボスに反する選択をすることができない。分割政府下において大統領が政策アジェンダごとに野党議員からも支持

を引き出すことで対立の解消を図る可能性は、韓国では低い。

(2) 政党政府

　韓国では、分割政府に伴う問題に対して大統領が野党議員からも支持を引き出すことで対立の解消を図ることができないもう１つの理由は、大統領が大統領所属党の実質的リーダーであるためである。大統領は国家元首や行政府首班であると同時に、大統領所属党の代表として所属議員を通じて国会で影響力を行使することができる。一般に大統領制は立法府・行政府・司法府の間の権力分有の原則にもとづいているが、韓国の大統領制では立法府と行政府の間で相互に牽制することで均衡を図るということが成り立ちにくい。両者は互いに分立しているのではなく、むしろ大統領所属党を媒介に密接に結び合わさっていて、融合しているともいえる。それゆえ、大統領所属党の議員は立法府の一員として行政府を牽制すると同時に、大統領を頂点とする行政府によって国政が円滑に運営されるように支援もしなければならないという役割が期待されている。実際は、前者よりも後者が優先される中で、大統領とは異なる民主的正統性を有する機関としての国会が固有の役割を遂行し、行政府に対する牽制を通じて均衡を図ることが困難になっている。

　この意味で、国会において個々の議員ではなく政党が中心的役割を果たすかぎり、「立法府対行政府」という国家機関間の関係よりも、「政府・与党対野党」という政党間の関係をどのように定めるのかという問題が韓国政治では重要である（カン・ウォンテク 2004：156-161）。同じ大統領制とはいえ、米国とは異なり、政党を問わず議会が１つの国家機関として大統領が率いる行政府を牽制しにくい構造になっているというわけである。国会議員の閣僚兼職や党政協議会（大統領所属党と行政機関との間の協議会）など韓国政治における長年の慣行を考慮すると、政府と与党の間の友好的関係から、立法府と行政府の間の対立・緊張関係へと直ちに転換するのは難しい。だとすると、韓国の大統領制において、立法府と行政府の間に望ましい関係を成り立たせるためには、政党間の関係や大統領所属党と政府の関係の重要性を認めつつも、それが大統領への過度な権限強化へとつながらないようにすることが必要である。

さらに、韓国の大統領制は政党政府（party government）の特徴が強い。盧武鉉大統領は、「大権（大統領としての権限）」と「党権（大統領所属党の代表としての権限）」の分離を試みたが失敗し、名目上はウリ党の一党員にすぎなかったが、実質的にはリーダーのままだった。米国では、共和党であれ民主党であれ、政党が組織として政権に就くというよりも、党の代表ではない個人が予備選挙を通じて候補者になり、自らを中心とする選挙キャンペーンを行うことで大統領に当選する。これに比べると、韓国では、政党の実質的指導者である大統領を頂点にした政党組織が集団で権力を掌握するという特徴があり、議院内閣制で見られる政党政府と類似している。「3金時代」のように政党指導者の個人的な影響力が強かったときには、政党指導者と制度としての政党の境界が曖昧であったものの、韓国の大統領制では米国のような個人の執権ではなく政党による執権である。大統領所属党の議員が閣僚として政府に入る場合も少なくなく、主要な政策アジェンダに関する大統領所属党と行政機関との間の協議も制度化されている。政党が国政運営の中心に位置しているということは、その分、分割政府が生じたときには大統領が野党議員に個別に接触し説得することで自らの政策アジェンダに対する協力と合意を求めることが困難であるということである。

(3) 制度工学か、政治的妥協か

　韓国の大統領制では、分割政府に伴う政治的対立を解消する制度や慣行が確立されていない。そのため、大統領は非制度的な手段に依拠せざるを得ないが、その代表的な例が野党や無所属の議員の「引き抜き（빼내기）」である。1992年総選挙で大統領所属党の民主自由党は299議席のうち149議席を得たが過半数に1議席足りず、無所属議員21名中16名を入党させることで統合政府を実現させた。1996年総選挙でも、大統領所属党の新韓国党は139議席で過半数に11議席及ばなかったが、無所属と自由民主連合の一部議員を入党させることで過半数議席を確保した。金大中大統領も就任直後、自由民主連合と政党連合を組んでも国会では依然として少数派だったため、野党議員の「引き抜き」を通して過半数議席を確保した。こうした方法は議員を引き抜かれた野党から反発を呼び、政治的対立と膠着状態を悪化させる

結果をもたらす。さらに、選挙で有権者が示した分割政府という選択を大統領が一方的に変えるもので、世論から大きな批判を受けた。

　分割政府は今や韓国政治における常態の1つになったにもかかわらず、それに伴う政治的対立を解消するのにふさわしい制度的メカニズムが確立されていないというのは、韓国政治における大きな問題である。そのため、韓国の大統領制における分割政府は、政党間対立の激化や長期化、さらにはガバナビリティの低下にもつながりかねないという問題を孕んでいる。大統領と国会のそれぞれを掌握する政党が対峙し、対立が解消されないと、いずれも国政運営の主導権を確保できず、消耗戦だけが続くことになる。その結果、政治的リーダーシップが弱まり、社会の多様な要求や利害関係が政治過程において調整されず、政治システム全体に対する国民の信頼や有効性感覚が下がることになる。

　こうした政治的様相は特に金大中政権と盧武鉉政権において見られた。金大中大統領は就任直後から、金鐘泌を国務総理に任命するにあたって「与小野大」国会から同意が得られないなど、5年間の任期中ずっと政党間対立が激しく、分割政府に伴う政治的挑戦に直面した。盧武鉉政権においても、閣僚に対する解任建議案の可決、監査院長に対する任命不同意、大統領の側近スキャンダルに対する特別検事法案の可決、大統領の拒否権発動に対する再可決、さらには大統領自身に対する弾劾訴追など、大統領と「与小野大」国会の間の対立が長期化した。

　分割政府に伴う政治的対立を解消する制度や慣行が確立していない中で、大統領はゲームのルールそれ自体を変えることで過半数議席を確保しようとする誘引をもつ。民主化以降、大統領が選挙制度の改正を主張する要因の1つが、制度工学（political engineering）を通じて地域主義にもとづく穏健多党制という政党システムを変え、分割政府になる可能性を下げようとするものである。もちろん、選挙制度を変えたとしても統合政府が実現するかどうかは確実ではないし、政党間の合意があってこそ制度改正が可能になるため、そもそも実現可能性が低い提案であった。

　二重の民主的正統性を有する大統領と議会の間で対立が生じた場合、米国のように、政党規律が弱く、個々の議員の自律性が高いということが、対立

が解消されるうえで重要な前提条件である。韓国の場合、政党規律が強く、政治的対立が政党を通じて国会に反映されているため、条件が全く異なる。分割政府が生じると、国会で多数派を占める野党と大統領所属党の間の対立を解消する制度も慣行も確立されていないのである。つまり、韓国の大統領制における分割政府は、政党間に権力分有と妥協を促すというよりも、対立の激化と長期化という否定的な結果をもたらす。

　こうした状況では、分割政府の発生を制度的に抑制するよりもむしろ、いつでも生じる政治の常態の１つであることを前提にしたうえで、大統領と諸政党間の交渉、政治的柔軟さ、議会との信頼構築といった政治力によって、対立を解消する方が現実的である。政党間の政権交代がすでに２回あり、どの政党も与野党両方の立場を経験した以上、大統領と大統領所属党は国会で多数派を占める野党を国政運営のパートナーとして認めると同時に、野党も国政運営の一翼を担っているものとして行動するなど、双方政治的に妥協するインセンティブがそれなりに高くなっている。

Ⅲ　分割政府の政治的帰結

　分割政府に関する関心は、「なぜ生じるのか」という従属変数としての分割政府と、「何をもたらすのか」という独立変数としての分割政府に二分される。後者が重要なのは、分割政府は統合政府とは異なる政治的帰結をもたらすからである。日本、韓国の順にそれぞれ分析する。

１　日本の事例

　最初に、日本の事例について検討する。二院制議院内閣制の日本における分割政府の場合、内閣の成立や存続は衆議院にのみ依拠していて参議院から独立しているという憲法の規定と、内閣の成立や存続は衆議院だけでなく参議院にも左右されているという実際の政治過程の間に「ねじれ」がもたらされる。この「ねじれ」について明らかにするために、まず、内閣の成立における参議院の機能について検討する。次に、内閣の存続における参議院の機能について検討する。最後に、本来、参議院の役割が憲法上規定されている

法律、予算関連法案、国会同意人事について検討することで、内閣の成立と存続における参議院の機能を特徴づける。

(1) 内閣の成立における参議院

　憲法の規定では、内閣の成立は衆議院にのみ依拠していて参議院から独立しているが、実際の政治過程では、衆議院では過大規模連合（oversized coalition）であっても参議院では最小勝利連合（minimal winning coalition）になるように連立政権を組むなど、参議院は内閣の成立に影響を及ぼしている。

　最初に連立政権が成立したのは小渕恵三内閣である。「55年体制」では統合政府と自民党の単独政権が続いたが、1998年7月の参議院選挙で初めて出現した分割政府に小渕内閣は直面した。そもそも内閣の成立自体、野党が多数を占める参議院では首相指名が異なり、衆議院の優先という憲法の規定によるものである。参議院では同年10月に閣僚に対する問責決議が初めて可決され額賀福志郎防衛庁長官が辞任し、いわゆる金融国会では野党案を丸のみして乗り切らざるを得なかった。翌1999年1月に参議院で12議席を有していた自由党と連立し、同党の野田毅を自治大臣兼国家公安委員会委員長に任命した。さらに、同年10月に参議院で22議席を有していた公明党とも連立し、同党の続訓弘を総務庁長官、自由党の野田毅に替えて二階俊博を運輸大臣兼北海道開発庁長官にそれぞれ任命した。この自自公連立政権の成立によって統合政府に転じることが可能になった。その後、連立の枠組みは自自公から自公保（保守党は自由党が分裂して結党、その後保守新党へと改名したが、自民党に吸収統合された）、さらに自公へと組み替わったが、参議院で多数派を形成し、衆議院選挙でも小選挙区で協力を得るための連立は、2009年の衆議院選挙で民主党に政権が交代するまで続いた。その代わりに、公明党は閣僚ポストを1つ得ると同時に、政権与党として政策形成に関与した。

　2009年の衆議院選挙で成立した民主党政権も連立政権である。民主党は3分の2の320議席には届かなかったものの308議席を獲得し、衆議院では単独で過半数だが、7議席の社民党や3議席の国民新党と過大規模連合を組んだ。当時、参議院では、過半数が121議席のところ、民主党は108議席を有していたにすぎず、それぞれ5議席の社民党や国民新党と組むことで118議

席に達し、新党日本や無所属議員から協力を得られると最小勝利連合になる。鳩山由紀夫内閣では、社民党の福島瑞穂が内閣府特命担当大臣（消費者及び食品安全担当・少子化対策担当・男女共同参画担当）、国民新党の亀井静香が内閣府特命担当大臣（郵政改革・金融担当）にそれぞれ任命された。その後、普天間基地移設問題で社民党が 2010 年 5 月に連立を離脱し、同年 7 月の参議院選挙では、民主党と国民新党の獲得議席はそれぞれ 44 と 0 となり、非改選の 65 議席と合わせても 109 議席で、過半数に届かず、分割政府に転じた。その後も、国民新党との過大規模連合は菅直人内閣や野田佳彦内閣でも維持された。

　2012 年の衆議院選挙で成立した第 2 次安倍晋三内閣も連立政権である。自民党は 3 分の 2 の 320 議席には届かなかったものの 294 議席を獲得し、衆議院では単独で過半数だが、31 議席の公明党と過大規模連合を組んだ。参議院では過半数割れしていたが、自公連立で衆議院の 325 議席に達し、3 分の 2 を超え、法案を再可決し成立させる要件を満たした。公明党の太田昭宏は国土交通大臣に任命された。翌 2013 年 7 月の参議院選挙で、自民党と公明党はそれぞれ 65 議席と 11 議席を獲得、非改選の 59 議席と合わせて 135 議席を得て統合政府に転じた。ただ、自民党単独だと 115 議席で過半数に 6 議席及ばず、公明党との連立が必要である。そもそも、自公両党は衆議院選挙で長い間協力を行ってきているが、小選挙区における公明党に対する自民党の依存の方が、比例代表制における自民党に対する公明党の依存よりも大きい。統合政府としての第 2 次安倍内閣は、公明党との連立によってそもそも成立している分、集団的自衛権をめぐる憲法解釈の政府見解の変更や憲法改正など、自公両党の間で政策的距離がある争点において、維新の党などとのほかの連立の組み合わせが成り立たないかぎり、一定の配慮を示すことになるものと思料される。

　このように、憲法の規定では、内閣の成立は衆議院にのみ依拠していて参議院から独立しているが、実際の政治過程では、参議院において多数派を形成するために連立を組むことが一般化していて、参議院は内閣の成立に影響を及ぼしている。

(2) 内閣の存続における参議院

　憲法の規定では、内閣の存続は衆議院にのみ依拠していて参議院から独立しているが、実際の政治過程では、参議院で問責決議を受けた閣僚の交代や首相の辞任、参議院選挙の責任をとった内閣総辞職、参議院選挙を前にした内閣総辞職など、事実上、参議院は内閣の存続に影響を及ぼしている。

　第1に、問責決議について検討する。もちろん、閣僚や首相に対する参議院の問責決議には、衆議院の内閣不信任決議とは異なり、法的拘束力はない。しかし、可決された11件のうち、首相に対する3件を含む10件の問責決議は、その後内閣改造における閣僚交代や内閣の総辞職または衆議院の解散につながっている。参議院で初めて閣僚に対する問責決議が可決されたのは最初の分割政府の時期の1998年10月16日で、額賀福志郎防衛庁長官は1カ月後の11月20日に辞任した。その後、2008年6月11日に、ついに福田康夫首相に対する問責決議が可決され、3カ月後の9月24日に総辞職した。その後を継いだ麻生太郎首相に対しても2009年7月14日に問責決議が可決されると、麻生首相は同月21日に衆議院を解散した。当時、自公政権に対して参議院は民主党が多数派で、問責決議を武器に解散・総選挙を迫った。逆に、民主党に政権が交代すると、参議院で多数派を占めた自公は同じように問責決議を連発した。2010年11月26-27日に仙谷由人官房長官と馬渕澄夫国土交通相に対する問責決議が可決すると、翌2011年1月14日の内閣改造で2人とも交代した。同じように、一川保夫防衛相、山岡賢次国家公安委員会委員長、田中直紀防衛相、前田武志国土交通相といった4名の閣僚に対する問責決議がそれぞれ異なる時期に可決されると、まもなく行われた内閣改造でいずれも交代した。さらに、2012年8月29日には野田佳彦首相に対する問責決議が可決され、結局、11月16日の衆議院の解散につながった。可決されたが、その後内閣改造における閣僚交代や内閣の総辞職または衆議院の解散につながらなかった問責決議はわずか1件で、第2次安倍内閣において、参議院選挙の直前の2013年6月26日に首相に対して行われたものである。安倍内閣は衆議院で直ちに信任決議を可決して対抗し、何より、7月の参議院選挙で統合政府を実現させた。

　第2に、参議院選挙の責任をとった内閣総辞職について検討する。参議院

選挙は本来、政権選択に決定的でない「2次的選挙（second-order election）」であり、政権選択に決定的な「1次的選挙（first-order election）」は衆議院選挙だけのはずである。しかし、1998年7月の参議院選挙で初めて分割政府が生じるほど敗北すると、橋本龍太郎内閣はまもなく総辞職し、小渕恵三内閣へと交代した。2007年9月の第1次安倍晋三内閣の総辞職も、首相の持病が悪化したためとされているが、2カ月前の7月の参議院選挙で再び分割政府が生じるほど敗北したことが遠因であることは間違いない。衆議院選挙での敗北は与野党間での政権交代をもたらすが、参議院選挙での敗北は与党内で批判が高まり、党総裁が任期を残して交代し、それに合わせて首相も交代することにつながる（上神 2013）。

　第3に、参議院選挙を前にした内閣総辞職について検討する。参議院選挙を3カ月後に控えた2001年4月に、支持率が10％前後にまで落ち込んでいた自民党の森喜朗内閣は総辞職し、国会議員よりも特に地方の党員に人気があった小泉純一郎へと党内選挙を通じて総理・総裁を替えることで、過半数を確保し統合政府を維持した。2010年7月の参議院選挙でも、その1カ月前に民主党の鳩山由紀夫内閣が総辞職し、菅直人内閣へと交代したが、内閣支持率は多少回復したものの民主党に対する政党支持率にはつながらず、選挙で敗北し、分割政府へと転じた。いずれも、党首（自民党総裁／民主党代表）の任期とは別に、支持率の低い内閣では参議院選挙で不利になるため、自ら総辞職し「看板」を替えるべきだという党内の要求に応じざるを得なかった例である。

　このように、憲法の規定では、内閣の存続は衆議院にのみ依拠していて参議院から独立しているが、実際の政治過程では、問責決議や参議院選挙を前後にした与党内の党首交代を通じて、参議院は内閣の存続に影響を及ぼしている。

(3) 法律制定や国会同意人事における参議院

　内閣の成立や存続とは異なって、法律、予算関連法案、国会同意人事における参議院の役割は憲法に規定されている。予算関連法案も含めて法律の制定では、分割政府（b）の場合は衆議院に対して事実上の拒否権を有してい

るし、分割政府（a）の場合でも「60日ルール」によって制約を課すことができる。また、国会同意人事では、そもそも衆議院と完全に対等であり、衆議院は参議院の拒否権を覆すことができない。

　2007年7月の参議院選挙で分割政府（a）に直面した福田内閣は、インド洋で展開する米軍に海上自衛隊が給油することを可能にする新テロ対策特別措置法が2008年1月11日に参議院で否決されると、同じ日に衆議院において3分の2以上で再可決し成立させた。参議院で否決された法案を衆議院で再可決して成立させたのは1957年5月以降初めてのことで、2005年9月の衆議院選挙において自公連立で3分の2を超えたことで可能になった。福田内閣とそれに続く麻生内閣では、このほかにも、参議院で否決されたり、審議されなかった15の法案について衆議院で再可決して成立させた。

　第2次安倍内閣も、参議院選挙までは分割政府（a）で、いわゆる1票の格差問題で最高裁判所から「違憲状態」であると指摘された公職選挙法を改正する「0増5減法案」を衆議院で再可決して成立させた。同法案は2013年4月23日に衆議院で可決されたが、当時野党が多数を占めていた参議院では同年7月に選挙が予定されていたこともあり審議が進まなかった。そこで、「60日ルール」（日本国憲法第59条第4項）にもとづき、6月21日に否決されたものとみなし、同月24日に衆議院で再可決し成立させた。

　もちろん、法律の制定における参議院の役割は、衆議院で可決されたものを否決するだけでなく、そもそも衆議院で先に審議されるときに自らの意向を反映させることも可能であるため、統合政府と分割政府それぞれの時期における法案可決率を単純に比較しても意味がない（Thies and Yanai 2013）。それよりも、個別の重要法案について、参議院が自らの意向をいかに反映させるのかについて追跡する方がよい。本章では、法律の制定における参議院の役割はそもそも憲法が予定していたもので、分割政府においてそれが顕著に観察されているということが重要である。

　予算関連法案は基本的には法案と同じである。顕著な例として、やはり、福田内閣のときに、税制改正関連法案や地方税法改正関連法案が参議院で通らず、年度が替わったとたんにガソリン価格が高騰し、国民生活を直撃したことが挙げられる。

国会で同意が必要な人事は、日本銀行の総裁・副総裁・政策委員会審議委員、会計検査院検査官、人事院人事官、原子力委員会委員長および委員、原子力規制委員会委員長および委員、日本放送協会経営委員会委員など36機関の253名に及ぶ。このうち、会計検査院検査官は衆議院に優先権が最後まで残った人事だったが、1999年以降、衆議院と参議院は全く対等になった。特に問題になったのは、旧大蔵省による監督・指揮がなくなり独立性が確保され金融政策を一手に担う日本銀行の総裁・副総裁である。分割政府（a）の時期だった2008年に、自民党は総裁に武藤敏郎、2人の副総裁に伊藤隆敏と白川方明を任命しようとしたが、民主党は自らが多数を占める参議院で、白川には同意しつつ、旧大蔵省出身者は好ましくないとして武藤と伊藤には同意しなかった。そこで、自民党は総裁に田波耕治、副総裁に西村清彦を充てようとしたが、民主党は西村には同意しつつ、同じ理由で田波を拒否した。ついに自民党はすでに副総裁になっていた白川を総裁として、空席になった副総裁として渡辺博史を任命しようとすると、民主党は白川総裁には同意しつつ、渡辺を拒否し、再度自民党が出した山口広秀でようやく日本銀行の人事が完了した。第2次安倍内閣では、「デフレ脱却」「経済再生の目玉」として日本銀行総裁の人事が衆議院選挙においても争点で、意中の黒田東彦を任命することに心血を注いだ。参議院選挙前、分割政府（a）だった参議院は、黒田総裁には応じつつ、人事院人事官に上林千恵子、会計検査院検査官に武田紀代恵を充てようとした人事案は拒否した。
　このように、法律、予算関連法案、国会同意人事においても、参議院は大きな影響を及ぼしているが、内閣の成立や存続とは異なり、そもそも憲法で予定されていたことであり、それが分割政府で顕著に現れたものといえる。

2　韓国の事例

　次に、韓国の事例について検討する。分割政府は、政党間の対立が高まるがそれを解消する制度的方法がないため膠着状態が持続し、ガバナビリティが低下するという深刻な問題を惹き起こしかねないのは事実である。しかし、分割政府の政治的帰結を総合的に評価すると、必ずしも否定的な結果だけをもたらしてきたわけではない。「分割（分占）政府」は、大統領に権力が「独

占」されていた権威主義体制という過去や、そこから民主化した経路依存性という韓国政治の文脈では、史上初めての権力の分有という特有の含意を有する。それが結果として新興民主主義体制の定着に貢献した。

(1) 大統領への権力集中から国会との権力分有へ

　1948年の建国以来1987年に民主化されるまで、韓国政治は極度に中央集権化された権威主義体制であった。大統領という1つの中心にすべてがのみ込まれる様相は「渦巻型政治構造（the politics of the vortex)」」（Henderson 1968)と形容された。一般に大統領制では、行政権は立法権や司法権によって水平的に牽制され均衡が図られているし、米国のような連邦制では連邦政府と州政府の間にも垂直的な牽制・均衡が機能している。しかし、韓国の大統領制では、大統領を頂点とする中央政府にすべての権力が集中していた。李承晩、朴正煕、全斗煥など権威主義体制下の大統領は自らの権力を強めるために憲法など政治制度を変え、軍・情報機関・警察・国税庁など政府機関を動員して反対勢力を押さえ込むことで、個人支配を可能にした。

　こうした状況下で国会は自律性を確保していなかった。政党も、自ら大統領を輩出するのではなく、大統領が選挙や統治のために動員する道具としてそのつど結成された。李承晩の自由党、朴正煕の共和党、全斗煥の民主正義党はすべてそうした政党で、党総裁を兼ねる大統領によって上から完全に統制された組織構造だった。大統領所属党というより大統領に文字どおり与(く)する党（与党）で、大統領による支配、ひいては権威主義体制を担保する存在にすぎなかった。

　大統領が国会を掌握するためには、大統領所属党が国会で過半数議席を占めることが何より重要だった。そのため、選挙のたびに政府機関が動員される「官権選挙」が横行し、金品で票を買う「金権選挙」も一般的だった。さらに、第一党にボーナス議席を付与する選挙制度によって、大統領所属党による過半数議席の獲得は最初から制度的に保障されていた。「与大野小」国会は、行政府を牽制する独立した立法府というよりも、政府が提出した法案をそのまま通す「通法府」にすぎず、権威主義体制を補完した。こうして大統領は事実上、行政権だけでなく立法権や司法権も含めてすべての国家権力

を掌握していた。つまり、権威主義体制下の韓国では、権力が分立する中で相互の牽制を通じて均衡が成立するという大統領制の制度趣旨は実現されていなかった。

　民主化された後も、大統領の権限は依然として大きい。しかし、選挙不正や選挙制度それ自体の不公平さによって大統領所属党に国会における過半数議席が保障されなくなった。そのため、総選挙で大統領所属党が敗北し分割政府が生じると、韓国政治においてそれまで経験したことのない新しい政治的実験が行われることになる。分割政府では、立法は野党が主導することになるため、大統領が行政権と立法権の両方を事実上掌握してきた「現状点」からの大きな変更にほかならなかった。つまり、分割政府には、権威主義体制下で大統領1人に過度に集中していた権力を複数の国家機関や政治勢力の間で分有させるという意味がある。効果的に運営することができれば、「大統領制に伴う危険性の1つである政策決定過程における大統領の独走を防ぐことができる適切な方法」（クァク・ジニョン　2003：162）になるというわけである。

　事実、分割政府の下で、国会の役割が強まった。1988年総選挙の結果生じた「与小野大」国会は1990年に民主自由党が結成されるまで続いたが、それまでの「与大野小」国会とは全く異なるものだった。政府だけでなく議員による法案提出が盛んになるだけでなく、行政府に対する牽制や監督という機能も強化された（パク・チャンウク　1992；パク・トンヒ　1993；シン・ミョンスン　1999）。これは、「与小野大」国会では立法過程における野党の主導権が強まったためであるが、同時に大統領や大統領所属党が野党提出法案に対して受け入れる姿勢を示したためでもあった。つまり、大統領や大統領所属党が一方的に国政を運営できないという現実を認識し、野党を国政運営のパートナーとして受け入れたということである。

　こうした柔軟で妥協も厭わない姿勢は、統合政府下の大統領と国会の間の関係と比較すると際立っている。民主自由党が結成され統合政府に転じると、「議会政治の失踪」（キム・ヨンホ　2001：489）と形容されるくらい巨大な大統領所属党による独走態勢が始まった。2004年総選挙で過半数議席を確保したウリ党は、同年末、いわゆる「4大改革」立法を推進し、野党と全面的

に対立した。2008年総選挙に勝利したハンナラ党もメディア法や予算案を強行採決するなど、政治的対立が激化した。この意味で、分割政府は交渉と妥協によって政治的対立を解消するという議会政治の本旨を示すものとして評価することができる。

(2) 政党連合という権力分有

とはいえ、分割政府下における大統領と国会の関係がいつもこのように協調的なわけではない。むしろ、大統領は「与小野大」国会に抵抗して、無所属だけでなく野党からも議員を「引き抜く」ことで「与大野小」へ変えようとした。しかし、こうした議員の政党間移動、特に野党議員の「引き抜き」に対しては世論の批判が大きく、党籍を変更する議員にとっても政治的負担を甘受せざるを得なかった。さらに、近年、政党間のイデオロギーや政策上の差が明確になったため、こうした方法による統合政府の実現は見られなくなった。

そうした中で分割政府への対応策として注目すべきなのが政党間の連合で、2つの事例が存在する。1つ目の事例は1990年の民主自由党の結成である。民主化以降最初に実施された1988年総選挙で大統領所属党の民主正義党は299議席中125議席を獲得したが、議席率は41.8%にすぎなかった。これに対して、1987年大統領選挙で敗北した野党は、金大中の平和民主党が70議席、金泳三の統一民主党が59議席、金鐘泌の新民主共和党が35議席をそれぞれ獲得し、野党全体での議席率は54.8%で、史上初の「与小野大」国会をもたらした。野党が国会を掌握する中で、盧泰愚大統領は民主化以前の大統領が経験したことがない国政運営の困難さに直面した。

分割政府から統合政府へと局面を打開するべく、盧泰愚大統領は大統領所属党の民主正義党に統一民主党と新民主共和党という2つの野党を合併させ、民主自由党という新党を結成した。民主自由党は1つの政党であるが、事実上、政党間の連合と同じような特徴を帯びていた。民主自由党の結成により盧泰愚大統領は国会で憲法改正の発議を行うことができる3分の2を超える216議席を確保した。統合政府の実現によって国会運営は容易になった反面、大統領所属党に対する統制は困難になった。特に、党内に抱え込んだ金泳三

から協力を得るためには、大統領が有する権力を一定程度譲歩する必要があった。金泳三は民主自由党の代表になり、事実上、大統領所属党を統括した。さらに、定期的に盧泰愚大統領と会談し、主要な政策決定においても影響力を行使した。それまでは大統領所属党の代表には実質的な権限がなく、大統領の代わりに党を管理する存在にすぎなかったが、金泳三の場合は党内で実権を確保し、その同意がなければ盧泰愚大統領は党に関与できず、1992年大統領選挙が近づくと候補になった金泳三から離党を迫られ、従うしかなかった。民主自由党の結成によって分割政府から統合政府へと局面を変えることができた反面、大統領は権力の一部を同じ政党の中で次期大統領候補と共有しなければならないことになった。つまり、「与小野大」という野党が主導する国会との権力分有から、「政党連合」という大統領所属党の内部での権力分有へと変化したというわけである。

　政党連合の2つ目の事例は「DJP連合」である。1997年大統領選挙における金大中（DJ）の当選は、支持基盤の異なる金鍾泌（JP）からの選挙協力によって可能になった。当時、国会では、金大中の国民会議と金鍾泌の自由民主連合はそれぞれ78議席と43議席を有していたにすぎず、この政党連合は分割政府を克服しようとする「立法連合」というよりも、大統領選挙で勝利し、その後の「執政連合」を目的にしたものであった。こうして成立した「共同政府」は韓国憲政史上初めてのことで、行政権が分有された。金鍾泌は国務総理となり、自由民主連合からは科学技術部、環境部、建設部、海洋水産部、保健福祉部などの長官（閣僚）が誕生した。このDJP連合は、2001年9月に統一部長官に対する解任決議に自由民主連合の一部議員が加わることで瓦解した。

　政党連合という分割政府への対応は、韓国の大統領制においてそれまで見られなかった権力の分有という新しい慣行を生み出した。盧武鉉大統領に至っては、2005年7月に、野党ハンナラ党に対して、「ハンナラ党が主導し、ウリ党が加わる議院内閣制に匹敵する権力を移譲する大連合」を呼びかけた。結局、ハンナラ党の反対によって実現しなかったが、かつて大統領にすべての権力が集中することが当然視されていた韓国政治において、画期的な提案であったといえる。盧武鉉大統領は地域主義を打破するための選挙制度の改

正を条件として付したが、当時、選挙法違反や補欠選挙での敗北などによって大統領所属党のウリ党が過半数割れしている分割政府に直面していた。大連立の提案はハンナラ党と権力を分有することで分割政府に伴う統治の難関を突破しようというものであった。

(3) 新興民主主義体制の定着

　分割政府は、大統領にすべての権力が集中していた権威主義体制から、権力が分有され、交渉と妥協を通じて政治的対立が解消されるという民主主義体制へと移行し、それが定着するうえで重要な機能を果たした。分割政府では、政党間の対立が深刻化したが、同時に、立法が活発になり大統領を牽制するなど国会の役割が強まった。また、分割政府への対応として成立した政党連合は、権力の分有という新しい政治的慣行を生み出した。こうした意味において、新興民主主義体制としての韓国政治において、分割政府はそもそも意図した結果ではないにしても、その定着に肯定的な効果を及ぼしたと評価できる。

　とはいえ、未だ、韓国政治において分割政府が完全に受け入れられたわけではない。どの大統領も分割政府よりも統合政府を選好するのは間違いないし、分割政府が生じるとなんらかのかたちで統合政府へと変えようとする誘引が依然として高い。にもかかわらず重要なことは、今では分割政府はいつでも生じうるという事実をすべての政治アクターが認識するようになったということである。分割政府はもはや例外や非正常ではなく、韓国政治における常態の1つとして認識されているということである。大統領と国会がそれぞれ異なる政党によって占められている場合、大統領は国会あるいは連合を組んでいる政党と権力を分有することで、政治的対立の解決を試みるようになりつつある。つまり、分割政府は、韓国の大統領制においても政治権力は分有され、互いに牽制し合うことで均衡しうるという、当然ではあるがそれまで受け入れられなかった教訓を残した。

おわりに

　最後に、本章の知見を要約し、政治制度の比較研究における理論的含意と、日韓両国それぞれにおける政治的含意を確認する。

　分割政府は二院制議院内閣制の日本でも大統領制の韓国でも一般化し、それぞれの政治において統合政府とは異なる政治的帰結をもたらしている。日本では、二院制であっても、議院内閣制の制度的趣旨は、内閣の成立や存続は第一院にのみ依拠していて第二院から独立している点にあるが、事実上、内閣の成立や存続は衆議院だけでなく参議院にも左右されている。法律の制定や国会同意人事における参議院の役割は憲法が予定していたものだが、内閣の成立や存続における参議院の機能は「憲法の規定を超える事態」（大山 2011：186）であり、憲法の規定と実際の政治過程の間にこそ「ねじれ」が生じている。韓国でも、大統領制の制度的趣旨は大統領と議会の間で権力が分有され互いに牽制し合うことで均衡が図られる点にあるが、「与小野大」国会では、機関間対立よりも「政府・与党」と「野党」の間の政党間対立が先鋭化する。「複数政党制」（大韓民国憲法第8条第1項）は憲法が保障するものだが、多党制の結果生じる分割政府や、さらには政党政府を予定していたわけではなく、政党間対立を解消する制度的メカニズムが確立されていない中で、政党連合という政治的慣行が生じつつある。

　政治制度の比較研究において分割政府は、政治制度それぞれをデザインしたときに意図していた「期待していた効果」というよりも、執政制度、議会制度、選挙制度、政党制度などマルチレベルの政治制度が組み合わさってもたらされた「意図していなかった帰結」そのものである。日韓両国で1980－90年代に政治制度を改正したときに、新制度論の知見が活かされなかったというよりも、新制度論自体がまだマルチレベルの政治制度として問題を設定できていなかった。日本では、衆議院の選挙制度を改正した際に期待したように、二大政党制や総選挙を通じた政権交代がそれなりに実現した。しかし、当時、参議院との二院制という議会制度やその選挙制度との関係は問題にせず、その後も20年間、制度改正が行われなかった。「ねじれ国会」が問題になるのは、衆参両院の権限が対称的で選好が異なるからであるが、異な

る選好は選挙制度の相違によるインセンティブ構造の「ねじれ（incongruence）」にほかならない。近年の新制度論では、マルチレベルの政治制度におけるインセンティブ構造の「整合性（congruence）」を問題にするようになっている。韓国でも、民主化当時、大統領の直接選挙と5年単任制だけが制度改正の焦点で、国会の4年任期や選挙サイクルとの関係は議論されなかった。結果的には、非同時選挙というマルチレベルの政治制度の組み合わせによって「与小野大」国会が生じた。さらに、大統領選挙の敗者も総選挙では勝者になることで、「敗者の同意（loser's consent）」（Anderson 2007）と「勝者の自制」がそれぞれ担保され、同じ時期に民主化した新興民主主義体制の中で最も定着した事例になることに「図らずも」貢献した。

　2014年12月現在、日韓両国は首相や大統領と国会の多数派の党派が同じ統合政府である。どちらも2016年7月の参議院選挙と同年4月の韓国総選挙まで選挙が予定されていないため、当面はこのままである。統合政府の下、「決められる政治」への期待が高いが、憲法が予定しているのは、統合政府であれ分割政府であれ、あくまでも憲法に沿って政治が行われることである。日本の場合、内閣は衆議院だけでなく、「行政権の行使について、国会に対し連帯して責任を負ふ」（日本国憲法第66条第3項、傍点は著者）と定められている。そもそも、首相や内閣は単なる「行政権の行使」だけなく、自ら政治的選好を有し立法を通じてそれを実現しようとする「執政中枢（core executive）」である以上、直接選出されていなくても、国会、そして何より国民に対する「責任」、民主的応答性を負っている。韓国の場合も、大統領は国家元首であると同時に政府首班である（大韓民国憲法第66条）。そもそも、「大統領」（同第4章第1節）は「政府」（同第4章）の一部にすぎず、「国会」（同第3章）と同格の位置づけではなく、もう1つ別の民主的正統性の源泉である「汝矣島（国会の所在地）政治」を超越した「国政」への専念はありえない。国会との間では民主的委任・応答性の関係はないものの、それぞれ国民に対して責任を負う中で、両者間の関係を定めることが求められている。日韓それぞれの政治について、民主的委任・応答性の連鎖の中で分割政府を問う意味がここにある。

＜参考文献＞
【日本語】
浅羽祐樹．2004．「二重の民主的正統性における代理人間問題――韓国の盧武鉉大統領弾劾という事例」『現代思想』10月号：174-197.
飯尾潤．2007．『日本の統治構造――官僚内閣制から議院内閣制へ』中公新書．
今井亮佑・日野愛郎．2011．「『2次的選挙』としての参院選」『選挙研究』第27巻第2号：5-19.
岩崎美紀子．2013．『二院制議会の比較政治学――上院の役割を中心に』岩波書店．
上神貴佳．2013．『政党政治と不均一な選挙制度――国政・地方政治・党首選出過程』東京大学出版会．
大山礼子．2003．『国会学入門　第2版』三省堂．
―――．2011．『日本の国会――審議する立法府へ』岩波新書．
砂原庸介．2010．「地方における政党政治と二元代表制――地方政治レベルの自民党『分裂』の分析から」『レヴァイアサン』47号：9-107.
曽我謙悟・待鳥聡史．2007．『日本の地方政治――二元代表制政府の政策選択』名古屋大学出版会．
竹中治堅．2004．「『日本型分割政府』と参議院の役割」『年報政治学』：99-125.
―――．2005．「日本型分割政府と法案審議――拒否権プレーヤーと『金融国会』再論」『選挙学会紀要』5号：43-59.
―――．2006．『首相支配――日本政治の変貌』中公新書．
―――．2010．『参議院とは何か――1947〜2010』中公叢書．
建林正彦．2012．「マルチレベルの政治制度ミックスと政党組織」『レヴァイアサン』51号：64-92.
―――．2013．「マルチレベルの政治システムにおける政党組織」建林正彦編『政党組織の政治学』東洋経済新報社：1-29.
待鳥聡史．2009．「分割政府の比較政治学――事例としてのアメリカ」『年報政治学2009-Ⅰ　民主政治と政治制度』木鐸社：140-161.
―――．2010．「アメリカにおける政権交代と立法的成功」『レヴァイアサン』47号：40-64.
―――．2012．『首相政治の制度分析――現代日本政治の権力基盤形成』千倉書房．
安井宏樹．2009．「ドイツの分割政府と立法過程」『年報政治学2009-Ⅰ　民主政治と政治制度』木鐸社：303-321.

【韓国語】（カナダラ順）
カン・ウォンテク．2004．「国会の変換能力の向上と議員の自律性の拡大」朴賛郁・金炳局・張勲編『国会の成功条件：倫理と政策』東アジア研究院：149-172.
―――．2006．『大統領制、内閣制、半大統領制：統治構造の特性と運用の原理』インガンサラン．

クァク・ジニョン．2003．「国会・行政府・政党関係の再定立：分割政府運用のガバナンス」『議政研究』第9巻第2号：161-185．

キム・ヨンホ．2001．『韓国政党政治の理解』ナナム．

パク・チャンウク．1992．「韓国国会における政党間の対立と膠着状態：その要因、結果および結末」韓培浩・朴贊郁編『韓国の政治対立：その類型と解消方式』法文社：79-104．

パク・トンヒ．1993．「第13代与小野大国会の効率性論争」『韓国政治学会報』第27巻第1号：161-184．

シン・ミョンスン．1999．「韓国国会の議政活動」白ヨンチョル『韓国議会政治論』建国大学校出版部：379-419．

オ・スンヨン．2004．「韓国分割政府の立法過程分析：第13代—第16代国会を中心に」『韓国政治学会報』第38巻第1号：167-192．

―――．2005．『分割政府と韓国政治：分割政府とは何か、またどのようにアプローチするべきなのか』韓国学術情報．

―――．2008．「分割政府が国会の立法に及ぼす影響：重要法案の処理結果を中心に」『議政研究』第14巻第2号：61-93．

チャン・フン．2001．「韓国大統領制の不安定性の起源：分割政府の制度的・社会的・政治的起源」『韓国政治学会報』第35巻第4号：107-128．

―――．2010．『20年の実験：韓国における政治改革の理論と歴史』ナナム．

チョン・ジョンソプ編．2002．『韓国憲法史文類』博英社．

チン・ヨンジェ編．2004．『韓国権力構造の理解』ナナム．

韓国政治外交史学会編．2001．『韓国政治と憲政史』ハヌル．

【英　語】

Anderson, Christopher J. et al.. 2007. *Losers' Consent: Elections and Democratic Legitimacy*. Oxford University Press.

Edwards, George Andrew Barret and Jeffrey Peake. 1997. "The Legislative Impact of Divided Government," *American Journal of Political Science* 42-2: 545-563.

Elgie, Robert ed.. 2005. *Divided Government in Comparative Perspective*. Oxford University Press.

Henderson, Gregory. 1968. *Korea: The Politics of the Vortex*. Harvard University Press.

van Houten, Pieter. 2009. "Multi-level Relations in Political Parties: A Delegation Approach," *Party Politics* 15-2（March）: 137-156.

Lijphart, Arend. 2012. *Patterns of Democracy: Government Forms and Performance in Thirty-Six Countries*. 2nd Edition. Yale University Press.

Mainwaring, Scott. 1992. "Presidentialism in Latin America," Arend Lijphart, ed.. *Parliamentary versus Presidential Government*: 111-117.

Mayhew, David. 1991. *Divided We Govern: Party Control, Lawmaking, and Investigations,*

1946-1990. Yale University Press.
Pfiffner, James. 1991. "Divided Government and the Problem of Governance," James Thurber, ed.. *Divided Democracy: Cooperation and Conflict between the President and Congress*. CQ Press: 39-60.
Samuels, David J. and Matthew S. Shugart. 2010. *Presidents, Parties, and Prime Ministers: How the Separation of Powers Affects Party Organization and Behavior*. Cambridge University Press.
Stepan, Alfred and Cindy Skach. 1993. "Constitutional Frameworks and Democratic Consolidation: Parliamentarism versus Presidentialism," *World Politics* 46 : 1-22.
Strum, Roland. 2001. "Divided Government in Germany: The Case of Bundesrat," Robert Elgie, ed.. *Divided Government in Comparative Perspective*. Oxford University Press: 167-181.
Sundquist, James. 1986. *Constitutional Reform and Effective Government*. Brookings Institute.
Thies, Michael F. and Yuki Yanai. 2013. "Governance with Twist: How Bicameralism Affects Japanese Lawmaking," Robert Pekkanen, Steven R. Reed and Ethan Scheiner, eds.. *Japan Decides 2012: The Japanese General Election*. Palgrave Macmillan: 225-244.
Uhr, John. 2006. "Bicameralism," R.A.W. Rhodes, Sarah A. Binder and Bert A. Rockman, eds.. *The Oxford Handbook of Political Institutions*. Oxford University Press: 474-494.

第3章

執政中枢部に関する日韓比較

賈尙埈・西野純也

はじめに

　伝統的に議院内閣制と大統領制の比較では、権力分立制のあり方、つまり立法権と行政権が融合しているのか（議院内閣制）、分離しているのか（大統領制）に分析の焦点が合わせられてきた。その場合、ウェストミンスター型ともいわれるイギリスの議院内閣制は権力融合の代表例とされ、立法権と行政権が制度上は完全に分離しているアメリカ大統領制は権力分離のモデルとされてきた。立法と行政が融合して構成される政府の頂点に立つイギリスの首相は「強い」一方、法案提出権など重要な権限をもたない米国の大統領は「弱い」というのが、比較政治学の一般的な理解となっている[1]。

　しかし、日韓両国における議院内閣制と大統領制に対する一般的認識は、英米比較とはまったく逆である。これまで日本において議院内閣制が大統領制と比較されるときには、その権力分散的な性格が強調され、長い合意形成過程を経てボトムアップの政策決定がなされることが議院内閣制の特徴であるとされてきた[2]。その一方で、韓国の大統領制は、純粋な大統領制というより議院内閣制が加味された形態となっていることもあり、権力集中をもた

---

[1] 近年は、立法権と行政権が分有されている「半大統領制」についての研究も進んでおり、その代表例としてフランス第5共和制が挙げられることがある（建林・曽我・待鳥 2008：106-107）。

らす「帝王的大統領制」になりやすいと見られてきた。つまり、日本では首相は「弱い」とみなされ、韓国の大統領は「強い」とされてきたのである。
　英米比較を前提としたとき、日韓の比較は政治制度の理解において逆の結論を導き出していることに着目し、なぜ日本の議院内閣制は権力の集中をもたらさず、韓国の大統領制は権力分立による権力抑制をもたらさないのか、を明らかにしたのが飯尾・増山（2004）である。1990年代中盤までの時期を分析対象としたこの研究は、結論にあたる部分で次のように述べている。

　　日本の議院内閣制においては、三権分立を強調することによって、国会の行政府に対する政治的統制の経路が弱められ、その結果内閣総理大臣の指導力が十分ではなく、行政官僚制の持つ割拠制原理が、内閣が合議体であることを通じて政治にも反映している。それに対して韓国においては、制度的にも議会に対して大統領が優位を保証されており、大統領と議会が異なる民主的基盤を持つことが、大統領の権力抑制要因として働きにくくなっている。しかも官僚制が大統領への忠誠を中心としてヒエラルキー構造が強調された形で成立しているので、大統領を中心として、行政府内で権力が集中することとなっている。つまり日韓においては、議院内閣制と大統領制を比較した場合、両制度の違いが権力分立制の厳格さの違いとしてではなく、行政府内における権力集中への適合度、すなわち合議制機関か独任制機関かという問題と、集中的官僚制か分散的官僚制かという問題のほうが重要になってくるのである（飯尾・増山2004：110-111）。

　ここからわかるのは、日韓の政治制度の違いをよりよく理解するためには、議院内閣制と大統領制という権力分立制の観点に加え、行政府内における権力集中の度合い、官僚制のあり方、首相や大統領と議会との関係に対する検討が必要、ということである。
　一方、日本の議院内閣制と韓国の大統領制は、2000年代に入る頃から制度および運用に変化が見られるようになった。小泉政権（2001年4月から

　2）山口は、議院内閣制にはイギリスを念頭に置いた「下降型」と日本モデルの「上昇型」があると述べている（山口 2007：40-44）。

2006年9月）と盧武鉉政権（2003年2月から2008年2月）を経て、首相や大統領の権限と役割そして議会との関係が、それ以前とは変わってきたのである。ひと言でいえば、日本においては首相の権限と役割がより強調される議院内閣制へ、韓国においては大統領に対する議会の牽制が強まる大統領制への変化である。したがって、現在の日本の議院内閣制と韓国の大統領制を理解するためには、過去の制度的な特徴に加えて、2000年代以降の日韓両国における政治状況の変化と制度的変化、さらには制度変化がもたらす帰結を確認する必要がある。そこで本章では、今日の比較政治学において大きな貢献を果たしつつある比較政治制度論に依拠しながら、日韓両国の政治制度を分析することを試みたい。比較政治制度論は、政治制度が政治における意思決定の過程や政策の帰結に与える影響を分析するための枠組みである（建林・曽我・待鳥 2008）。

I　分析の枠組み

　比較政治制度論の長所は、本章のように日韓の政治制度を分析の対象とする場合、議院内閣制と大統領制を対極の存在として理解するのではなく、両者に違いがあったとしても「執政制度」として統一的に理解できると考えるところにある[3]（待鳥 2012：79）。ここでいう「執政（executive）」とは、政治的な観点から行政の担い手である官僚を監督すると同時に、行政の機能がきわめて大きくなっている現代国家における政策の立案を行うよう、有権者ないしは議会多数派から委任を受けた政治家の集団を指す。それは、単に議会によって行われた立法にもとづいて政策を実施に移す「行政（administration）」とは異なる。執政の最高責任者となる政治家である首相と大統領についても包括的に「執政長官（chief executive）」と称して捉えられる。したがって、執政制度とは、執政長官をどのように選出するか、また執政長官にいかなる権限を与えるのかを定めるルールである（待鳥 2012：79）。

---

[3] 本章で用いる執政制度の統一的理解に関する記述は、待鳥（2012）の第2章、第3章に多くを負っている。

執政制度の研究で近年よく用いられるのが、ローズらが提起した執政政治論と「執政中枢部（core executive）」という考えである（Rhodes 1995）。ウェストミンスター型議院内閣制といわれる英国政治の研究では、首相や大臣のみが意思決定に参画するという首相専制論が従来主張されてきた。しかし、ローズらはそれへの反論として、政府内の調整や意思決定は首相のみに依存するものではなく、首相官邸、内閣、大臣、官僚制などを含む複雑な制度的関係の中で、また政策争点を含む内外の文脈の中で捉えるべきと論じた。ローズは執政政治を「中央政府の政策を調整し、かつ政府機構の異なった部分間に生じる対立の最終的な仲裁者として行動するすべての組織や手続き」と定義し、中央政府の政策決定や政府運営は首相のみに焦点を合わせるだけでは適切に理解できず、首相をとりまくさまざまなアクター間の相互依存関係やネットワークを分析の射程に収める必要があることを説いたのである（伊藤 2008：7；待鳥 2012：100）。

　この首相をとりまくネットワークのうち、首相の政権運営を直接支える内閣と与党執行部、そして政策決定を直接補佐する直属スタッフをあわせて執政中枢部と呼ぶことが多い。執政政治論や執政中枢部という概念はもともと英国政治研究から出てきたものであるが、今日では大統領制をも含めた執政制度研究に広く適用されるようになっている。もちろん、大統領制における執政中枢部の概念は、大統領と与党執行部との関係が端的に示すように、議院内閣制のそれとまったく同一でないことには留意すべきである。

　以上を踏まえて、待鳥（2012）が日本における首相政治の変容を説明する際に着目したマッカビンズらによる「目的の分立（separation of purpose）」概念について見てみたい。すでに冒頭で述べたように、これまで議院内閣制と大統領制の比較は、主として立法権と行政権が分離しているか、融合しているかという権力分立（separation/fusion of power）の問題にもっぱら注目してきた。これに対して、マッカビンズらは目的の分立という概念を提示することで、議院内閣制と大統領制を対照的に捉えるのではなく、制度構造の共通性に注目しながら、執政制度や行政部門と立法部門の関係について統一的に検討することを可能にした（Haggard and McCubbins 2001；Cox and McCubbins 2001）。

目的の分立という概念は、選挙制度の特徴を出発点に、それが政党システムや政党組織のあり方を規定するだけでなく、議員と執政長官（首相や大統領）の政治上の行動の一致ないし不一致も生み出すと考える。具体的には、執政長官が政党指導者として候補者の公認過程などに密接に関わり、かつ執政長官の選出と議会選挙の結果が強く関連している場合には、議員と執政長官の間には目的の一致が生じる。目的の一致があるとき、両者の行動は一致する。逆に執政長官が議員の選挙の帰趨に影響を与えられないのであれば、議員が執政長官に従った行動をとる必要はなくなる（待鳥 2012：82）。

　首相であれ大統領であれ、執政長官が政策決定や政府運営において困難に直面するのは、分割政府の発生などに代表される権力分立によるものだけではなく、目的の分立もまた大きな影響を与えるとされる。権力分立が明確な大統領制でも、目的の分立の程度が小さければ大統領と議会が対立する場面は少ない一方、議院内閣制において目的の分立が大きければ、与党議員であっても首相の意向に抵抗する傾向が強まる（待鳥 2012：82）。

　執政長官が円滑に政策立案や政府運営を行えるかどうかは、執政長官―議会関係だけでなく、執政長官が官僚を統制して自らの政策実現に資するように活用できるかどうか、つまり執政長官―官僚関係によっても大きく左右される。議員の自律性が選挙制度によって大きく規定されるように、官僚が執政中枢部からの自律性を有する程度は人事制度のあり方によって変わる。官僚組織内に政治任用ポストが多く、それらポストが行政の活動にとって不可欠になるほど、官僚と執政中枢部との目的の分立の程度は低くなる（待鳥 2012：85）。また、執政中枢部直属のスタッフ組織を整備し、それを積極的に活用することもまた、目的の分立を低下させる効果をもつ。特に、与党議員と省庁官僚の間に強固な結びつきが形成され、執政中枢が十分に関与しない形で政策立案がなされている場合には、政策立案機能を省庁官僚以外の直属スタッフに移管することで、執政長官は与党議員と省庁官僚の連合を解体し、彼らの干渉を受けずに政策転換を図ることが容易になる（待鳥 2012：91-92）。本章では、以上のような目的の分立に関する議論を念頭に置きつつ、日韓両国の執政中枢部に関する制度比較を行う。まず執政長官の制度的基盤に関し、憲法上の規定を確認するとともに、2000年代以降に顕著になった

直属スタッフの整備について考察する。次に、日韓両国における執政長官―議会関係および執政長官―官僚関係について検討する。

II 執政長官の制度的基盤

1 執政長官の憲法上の制度基盤

　日本の執政制度である議院内閣制の原理を確認すれば、議会における首相の選出という一点で正統性の連鎖は絞り込まれ、最高意思決定権者は首相であることが明確である（飯尾 2007：26）。議院内閣制の母国ともいえる英国では、首相の権限が強い内閣制として発展してきた。1947年施行の日本国憲法の規定も、本来はこのように「強い首相」を中心とする議院内閣制を構想していた。実際、憲法条文を見るかぎり内閣総理大臣は強大な権限をもっている。「行政権は、内閣に属する」（第65条）とされているものの、その内閣は「首長たる内閣総理大臣及びその他の国務大臣でこれを組織する」（第66条）とされ、内閣総理大臣の地位は明確である。そして内閣総理大臣は国務大臣を任命するほか、「任意に罷免することができる」（第68条第2項）とされる。これは国務大臣が内閣総理大臣の代理人であることを明確にした条文である。

　また、憲法第72条では、首相は「内閣を代表して議案を国会に提出し、一般国務及び外交関係について国会に報告し、並びに行政各部を指揮監督する」と規定されている。この条文は強く解釈すれば、一般の行政事務や国務を総理すると抽象的に定められている内閣の権能に対して、首相には各省庁官僚を使って、行政事務を実施する権能が与えられていると理解することができる。実際には、各国務大臣が当然のように各省庁を指揮監督しているが、憲法条文には実はそのような大臣の権能は書かれていない。憲法制定時は、首相の地位はきわめて強いと考えられていたのである（飯尾 2007：27）。

　しかし、内閣法を見ると第3条では、「各大臣は、別に法律の定めるところにより、主任の大臣として、行政事務を分担管理する」と、内閣総理大臣と国務大臣を区別せずに「各大臣」による「分担管理原則」が規定されており、解釈によっては憲法上の首相の権限が大きく制約されることになる。首

相は内閣法で閣議の主宰者であるとされてはいたが、その役割は明確ではなかった。旧内閣法第4条の「閣議請議権」によって、首相や閣僚には政策を主導する「発議権」は認められていたものの、首相がこの請議権を行使することはめったになかった。1990年代後半に実施された行政改革（いわゆる「橋本行革」）は、戦後長らく続いた憲法制定時の構想とは異なる「弱い首相」に実質的な制度的権限を与えるための改革であった。1999年7月に改正された内閣法第4条において、首相は「内閣の重要政策に関する基本的な方針その他の案件を発議することができる」と規定され、首相の発議権が明確化された（飯尾 2007：28；信田 2004：34）。

一方、韓国の大統領は、全国単位の選挙で選出される政治家として代表制と正統性を付与される。大統領は行政府の首班であり、憲法が規定する権限をもちリーダーシップを行使する国家運営の最高意思決定者である。大統領は国政運営のため行政府を構成し、職務補佐のための秘書室を組織する。これらの点は米国の大統領制とさほど変わらない。

大統領は現行憲法（第6共和国憲法）の規定により、直接選挙を通じて選出される。選挙の最高得票者が大統領になるが、最高得票者が2人以上の場合には、国会在籍議員の過半数が出席する公開会議において多数票を得たものが当選者となる（第67条第2項）。大統領の任期は5年で重任ができない（第70条）。大統領の選出方式と任期に関する規定は、間接選挙による大統領選出と重任による任期長期化をめぐる政治を繰り返さないためのものである。「大統領の任期延長または重任変更のための憲法改正は、その憲法改正提案当時の大統領に対しては効力がない」（第128条第2項）という規定も、過去の権威主義政権時代に起きた問題の再発を防ぐことを意図している。

1987年の民主化運動を経て誕生した第6共和国憲法は、「帝王的大統領」ともいわれた大統領の権限を制限することに焦点を合わせた。その結果、大統領任期の5年単任制だけでなく、国会による国政監査の復活（第61条）などが実現し、民主化以前に比べると大統領の権限は制限された。それでも、政府は予算を編成（第54条第2項）するとともに議会に法律案を提出でき（第52条）、大統領は法律案に対する拒否権（第53条第2項）や国務総理任命（第86条第1項）や公務員の任免（第78条）等の広範な人事権をもつなど、現行

憲法下でも大統領は国政運営の要となる予算、法律、人事において「強い」存在である。

　大統領はほかにも、法律で具体的に範囲を定めて委任された事項および法律執行のために必要な事項に関する大統領令の発布（第75条）、内憂、外患、天災、地変または重大な財政上、経済上の危機における国の安全保障または公共の安寧秩序を維持するための緊急措置命令（第76条第1項）、戦時、事変またはこれに準ずる国家非常事態において兵力をもって軍事上の必要に応じ、または公共の安寧秩序を維持する必要があるときの戒厳宣布（第77条第1項）、赦免、減刑または復権命令（第79条第1項）といった広範囲な権限を有している。

2　内閣の構成

　議院内閣制をとる日本において首相を長とする内閣を構成することは当然のことであるが、大統領制をとる韓国においても、国務総理をはじめとする国務委員（閣僚）からなる内閣が組織される。ここではまず日本の内閣について検討したうえで、韓国の内閣がもつ特徴を考察する。

　既述のとおり、日本国憲法の規定では「強い首相」を中心とする議院内閣制が構想されていた。にもかかわらず、戦後日本の内閣は首相を中心として団結した合議体というよりは、それぞれ拒否権をもつ大臣からなる合議体となり、議院内閣制は機能不全に陥ってしまう。議会を背景とする議院内閣制に対して、官僚からなる省庁の代理人が集まる「官僚内閣制」と呼ばれる所以である（飯尾 2007：25）。内閣法第3条による「分担管理原則」ともあいまって、内閣における首相の権限は事実上大きく制限されてきた。

　しかし、1990年代後半の橋本行革により、中央省庁は1府12省に再編されるとともに、「分担管理原則」によって内閣における主導権の発揮が制限されていた首相は、憲法が本来想定する権限をもつ首相へと変貌することとなった。内閣法第4条の改正によって、首相が内閣の重要政策について発議する権利をもつことが明確化され、内閣における首相の主導的地位が確認された。

　橋本行革では、内閣機能の強化が大きな柱の1つとされ、内閣および首相

図 3-1　日本政府組織概略図

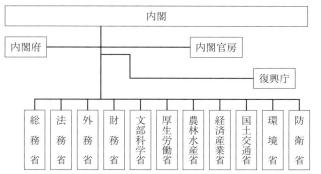

(出典) 内閣府ウェブサイト「内閣府の位置付け」ページの図をもとに筆者作成。(2015 年 2 月現在)

の主導による国政運営を実現するため、首相の補佐・支援体制の強化が課題とされた。この課題に対応するために設置されたのが内閣府である。内閣府は首相を長とし、内閣の総合戦略機能を助け、行政を分担管理する各省より一段高い立場から、企画立案・総合調整等の機能を担うこととなった（内閣府 2013）。内閣府の設置により、これまで各大臣が各省庁の利益を代弁してきた「省庁代表制」的性格であった日本の内閣は、内閣府の長である首相を中心とした政策決定、国政運営の場へと変わる制度基盤を整えた。

内閣府はその長である首相（内閣総理大臣）をはじめ、内閣官房長官、特命担当大臣、内閣官房副長官、副大臣および大臣政務官が置かれている。内閣府のトップ・マネージメントを補佐する事務体制として、事務次官の下に内閣府審議官、大臣官房、政策統括官および各局が配置され、大臣官房を中心に一体的に業務を遂行している。このうち、7 名の政策統括官は、内閣の時々の重要政策課題に応じて弾力的に企画立案・総合調整等の業務を分担して行っている（内閣府 2013）。

内閣府には、内閣および首相を助ける「知恵の場」としての機能を十分に果たせるよう、首相または内閣官房長官を議長とし、関係大臣と有識者からなる重要政策に関する会議が設置されている。2015 年 2 月現在、経済財政諮問会議、総合科学技術・イノベーション会議、国家戦略特区諮問会議、中央防災会議、男女共同参画会議の 5 つが活動中である[4]。この中で最もその

存在が知られているのは経済財政諮問会議であろう。2001年に就任した小泉純一郎首相が同会議を活用して政権の重要経済政策を決定し、国政運営においてリーダーシップを発揮したことは、当時メディアで大きな注目を集めた。いわゆる55年体制下でも、首相が主宰する会議は多数存在したが、これらの会議で実質的決定が行われることは稀であった。それとは対照的に、経済財政諮問会議は内閣全体の経済政策や財政政策に関して実質的議論を行い、意思決定を行う場となったのである（竹中 2006：246）。

次に韓国の内閣について考察する。韓国の大統領は国務総理および国務委員（行政各部の長）の任命を通じて国務会議を構成する。憲法は、「国務会議は大統領、国務総理および15名以上30名以下の国務委員で構成する」（第88条第2項）と規定する。国務総理は国会の同意を得て大統領が任命する。国務総理は大統領を補佐し、行政に関して大統領の命を受けて行政各部を統轄する（第86条第2項）。国務委員は、国務総理の推薦（韓国語原文では「提請」）により大統領が任命する（第87条第1項）。しかし、国務総理の推薦は形式的なものにすぎず、実際には大統領の望む人物が国務委員に任命されている。

行政各部（「部」は日本の「省」に相当）の設置・組織および職務内容等については政府組織法で定められている。大統領の職務補佐のために大統領秘書室を置くことも、政府組織法に明記されている。韓国の政府組織は、大統領の国政運営方向や政策優先順位等によって変化してきた。歴代の大統領は、自らが推進しようとする政策や主要事業の実現のために政府組織の改編を行ってきた[5]。

大統領は行政府の主要ポストに対する人事権をもつが、高位公職者の任命に際して次のような事項を考慮するといえる。第1に、大統領の意中をよく把握し、政権の国政運営方向性に合わせて業務を行えるか、第2に、担当業

4）内閣府ウェブサイト「重要政策会議」ページ（http://www.cao.go.jp/conference/conference.html）より確認。2015年2月25日最終アクセス。

5）そのため、政府組織法はだいたい年に1回程度の頻度で改正されている。「［韓国］政府組織法の改正」国会図書館調査及び立法調査局『外国の立法』2008年4月。

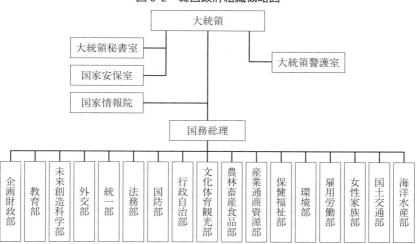

図 3-2　韓国政府組織概略図

（出典）青瓦台ウェブサイト「政府組織図」ページの図をもとに筆者作成。（2015 年 2 月現在）

務に対する専門性をもち、官僚組織を統轄して大統領が推進する政策を効率的に執行できるか、第 3 に、政権主要ポストが特定地域や特定校出身者に偏っていないか、第 4 に、国会人事聴聞会を無事に通過できるか、である。特に、公選によらない高位公職者を大統領が任命する前に国会で行われる候補者検証のための人事聴聞会は、重要な考慮事項である。後述するように、2000 年 6 月の人事聴聞会法制定以後、検証対象者の範囲は広がってきている。

　韓国では、国会議員が国務総理や国務委員（行政各部長官）を兼職することが可能である。この点で米国の大統領制とは異なっており、「議院内閣制が加味された大統領制」ともいわれている。行政府が議会に対して法案提出権をもつという点も、大統領制でありながら議院内閣制が加味されていることの表れである。このような点から、韓国の執政制度つまり議院内閣制が加味された大統領制において、執政中枢部（core executive）をどの範囲までと定めるのかに関しては多様な見解がある。主要政策を決定し執行する役割を担う執政中枢部に与党指導部を含むという見方、含まないという見方の双方があるし、実際に大統領がどのような国政運営をめざしているかによって執

政中枢部の範囲に関する認識は変わりうる。

　金泳三政権および金大中政権では、国会議員が国務総理や国務委員に任命されることがよくあった[6]。与党や議会の協力を得る必要がある場合、議会内で人望ある政治家が国務委員になれば与野党からの協力を得やすいと考えられたからである。他方、盧武鉉政権では、与党が、与党・行政府・大統領府3者間の円滑な協力関係をつくるため、与党議員の入閣を大統領に建議したが、大統領は「党政分離」原則を主張して建議を受け入れなかった[7]。

　盧武鉉大統領は就任当初から、憲法の範囲内で、できるかぎり多くの大統領権限を国務総理に委譲する意思を表明し、大統領が任命権をもつ閣僚人事で総理の「提請」権を最大限尊重したり、大統領主宰が通例であった国務会議を国務総理主宰にするなどの措置をとった。盧大統領は2005年初めには、「総理中心の国政運営は今年も一貫性をもってさらに強化する」、「重要な人事決定は総理と十分な事前協議を経ることで、総理の内閣統括権を最大限支える」との意思を重ねて示した（西野 2006）。外交・安保・統一問題は大統領が、内政問題は主に国務総理が担当するという権限・役割分担による「責任総理制」[8]の国政運営をめざしたのである。韓国では大統領の権限を制限すべきとの観点から責任総理制に関する議論が盛んである。その中身については、憲法の規定どおりに、国務総理による国務委員の提請権と解任建議権の実質的行使を保障すべきという主張や、さらに進んで、憲法改正によって国務総理の権限をさらに強めるべき、「半大統領制」のような制度にすべきという主張までさまざまである。それでも、現行憲法は4半世紀以上にわたり改正なく維持されており、歴代憲法のうち最も息が長い。

　6）大統領の国務総理任命に関する研究として、大西（2008）、浅羽（2010b）を参照。
　7）盧武鉉政権における「党政分離」については、西野（2006）を参照。
　8）責任総理制とは、「帝王的大統領」ともいわれる大統領の大きな権限を国務総理に一部委譲することで、国政運営における国務総理の責任をより強めようとする議論の中でよく使われる言葉である。

3　直属スタッフ組織の整備

　日韓の執政長官直属スタッフ組織といえるのが、日本の「内閣官房」と韓国の「大統領秘書室」である。小泉政権の頃から、首相がリーダーシップを発揮して国政運営することを、メディアでは「官邸主導」という言葉で表すことが多くなった。この場合、「官邸」の対象となるのは、首相官邸の建物にいる人物だけではなく、内閣官房全体を含めることが多い（信田 2004：7）。1990年代後半の橋本行革による内閣機能の強化へ向けた制度改編により、内閣府の設置とともにとられた措置が内閣官房の拡充である。これにより、首相直属スタッフ組織は質的にも量的にも向上し、国政運営とりわけ政策過程における首相の主導権を支えている[9]。

　内閣官房の拡充において特に重要なのは、内閣官房の企画・立案機能が明確化されたことである。橋本行革以前の旧内閣法第12条では、内閣官房の機能として「総合調整」という文言のみが記されていたが、1999年7月改正の内閣法第12条では「企画及び立案並びに総合調整」という文言に改められた。また、企画、立案、総合調整の対象も、閣議に関わる重要事項に関してだけでなく、「内閣の重要政策に関する基本的な方針」および「行政各部の施策の統一を図るために必要となる」ものへと拡大された。この改正により、それ以前は消去的調整の権限しかなかった内閣官房は、より積極的、能動的に役割を果たす存在となった（信田 2004：34-36；古川 2005：3）。

　さらに2000年5月に閣議決定された「政策調整システムの運用指針」には、内閣官房および内閣府は、政府全体の政策方針を示し「戦略的かつ主導的に」総合調整を行うこと、「内閣官房及び内閣府が行う総合調整は内閣が行政各部を統轄する高い立場から行われるものである」ことが明記された。内閣官房が内閣のもとにおける「最高かつ最終の調整機関」であり、内閣府

9）橋本行革を受けて2001年6月に成立した中央省庁等改革基本法では、内閣官房の基本的性格および任務について、第8条で「内閣官房は、内閣の補助機関であるとともに、内閣の首長としての内閣総理大臣の職務を直接に補佐する。（中略）3. 内閣官房の任務に、国政に関する基本方針の企画立案を行うことが含まれることを法制上明らかにする」としている。

が特定の内閣の重要政策に関し内閣官房を助けて総合調整を行う機関であることも記された（信田 2004：34-36）。古川貞二郎・元官房副長官は、内閣官房の拡充による政策形成や予算編成の変化を次のように表現している。「大胆に言えば従来は各省で企画・立案をし、内閣官房が総合調整を行うというやり方が中心であったが、現在は大きく転換し、まず総理の下で大きな方針と作業工程を示し、各省はその方針や工程にそって政策などを具体化していくやり方にかわった」（古川 2005：14-15）。

以上のような措置によって、首相が強い関心をもつ政策課題は必ずしも主管省庁ではなく、内閣官房や内閣府が事務処理を担当することが容易となり、事実上、首相直轄で政策立案を進められるようになった。小泉政権の郵政事業民営化はその好例である。2004年4月、内閣官房に「郵政民営化準備室」が設置され、同年9月からは内閣府に属する竹中平蔵経済財政担当大臣が郵政民営化担当大臣となって政策実現を推進した（竹中 2006：246）。

内閣官房の拡充は、その事実上のトップである官房長官（法律上の主務大臣は首相）と、その補佐にあたる3名の官房副長官の果たす役割をますます重要なものにした。また、従来3名であった首相補佐官の数を5名まで増やすことができるようになり、首相秘書官の数も必要に応じて増やすことが可能となった。加えて、政治任命の特別職として事務次官クラスの官房副長官補3名が置かれ、それぞれ内政、外交、安全保障・危機管理を担当している。2014年初めには、内閣官房に国家安全保障局が新設され、外交安保政策においても首相および内閣官房のリソースが増大した[10]。

内閣官房の定員は2000年には377名であったのが、2013年には808名となった。他省庁との併任数は445名から1645名へと4倍に増えている。1645名のうち804名は内閣官房への常駐併任なので、2013年時点で1612名（808名＋常駐併任804名）が内閣官房に常駐していることになる（五十嵐 2013：

10）国家安全保障局は、内閣に新設された国家安全保障会議を恒常的にサポートし、国家安全保障に関する外交・防衛政策の基本方針・重要事項に関する企画立案・総合調整を行っている。「国家安全保障局」内閣官房ウェブサイト（http://www.cas.go.jp/jp/gaiyou/jimu/anzenhosyou.htm）最終アクセス2015年2月25日。

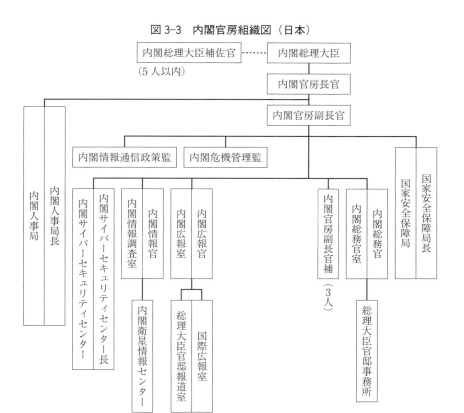

図 3-3　内閣官房組織図（日本）

（出典）内閣官房ウェブサイト「組織図」ページの図をもとに筆者作成。（2015 年 2 月現在）

61)。古川・元官房副長官は、「内閣官房に重要な政策課題が集中するようになって、各官庁も優秀な人材を送るようになった。内閣官房の幹部人事については、各省のお仕着せの人事ではなく、こちらで直接指名したり複数提示してもらい、その中からこちらで選ぶこととした」と、人的資源の量的増加とともに質的向上があったことを証言している（信田 2004：33-34）。1990 年代後半からの内閣機能強化は、首相および内閣官房の質的・量的リソースを大幅に増大させ、執政中枢部の集権化をもたらすのに貢献したのである。

　執政長官の直属スタッフ組織を拡充することが、ここ 20 年近くの日本での取組みであったのに対し、韓国では対照的に、その機能をいかに縮小していくのかが課題であり続けた。民主化後の韓国政治では、「帝王的大統領」

ともいわれた大統領の権限をいかに縮小し、牽制していくかが大きな関心であった。その対象の1つとして秘書室の機能縮小が志向されてきた。

　民主化以前の権威主義的統治の時代、大統領秘書室は大統領の意向を受けて人事や政策形成を力強く主導してきた。秘書室のトップである秘書室長は閣僚級ポストであり、心理的にも物理的にも至近距離で大統領を補佐する存在として、国務総理以上の権威を備えるとみなされてきた。秘書室長の下には政策分野別に首席秘書官室が置かれており、首席秘書官は担当省庁の長官に対して事実上の指示を与えることもあった。しかし、内閣を超えるかたちで大統領秘書室が国政に影響力を行使することは側近政治、密室政治の批判を受けやすく、権威主義政権の暗部とされてきた（大西 2008：145）。

　民主化以降、盧泰愚、金泳三、金大中政権すべてが、大統領秘書室の機能縮小を唱えて政権をスタートさせてきた。しかし、いずれの政権もその後、秘書室の改編を通じて首席秘書官室を増やしたり秘書室スタッフを閣僚級に格上げしたり、特別補佐官制度を導入するなどして、大統領直属スタッフ組織を拡充してきた（咸成得 2002）。その主たる理由は、大統領が掲げる政策課題の実現にあたり、大統領と与党・議会との間の調整のために、秘書室の役割が重視されたからである。本来は国務総理が政府と議会との間の調整の中心になるべきであるが、そうした役割を果たした国務総理は少なかった。大統領は、国務総理ではなく秘書室にその役割を委ねたのである（大西 2008：146-147）。民主化以降の多くの政権は、任期が進むにつれて、与党および議会との政策調整のために大統領秘書室の政務機能をいかに強化するかが課題となった。

　「脱権威主義」という観点から大統領秘書室を改編した盧武鉉政権は、大統領府に政策担当の「政策室」と政務担当の「秘書室」を設けて分権的統治をめざしたが、他方で大統領直属委員会を多数作り、大統領が専門家集団を抱えて政策形成を主導しようともした。与野党政権交代により誕生した李明博政権は、前政権の大統領府運営を批判しつつ、秘書室と警護室を統合・再編して「大統領室」を発足させた。大統領室長（従来の秘書室長に相当）の下に政策室長がおり、さらにその下に各政策を担当する首席秘書官室を置いた。李政権は大統領室の政務首席秘書官室のほかに、国務総理のもとに特任

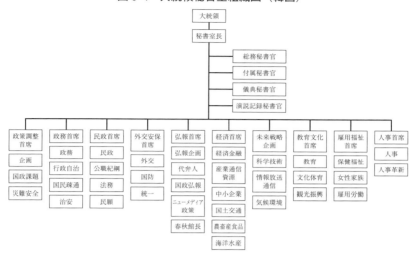

図 3-4　大統領秘書室組織図（韓国）

（出典）青瓦台ウェブサイト「秘書室組織図」ページの図をもとに筆者作成。(2015 年 2 月現在)

長官室を新設し、長官に側近政治家を起用して与党との政策調整にあたった。

朴槿恵政権では再び大統領秘書室体制となり、秘書室長の下に 10 の首席秘書官室が置かれている（2015 年 2 月現在）。大統領秘書室スタッフは、大統領を物理的に至近距離で補佐するため、かねてから忠誠心が強く、大統領の意中を知る側近たちが多く登用される。閣僚人事と異なり国会での人事聴聞会を経る必要がないため、秘書室人事における地縁や学縁のバランスに対する考慮は相対的に低いとされる。朴槿恵大統領の秘書室は政権発足当初から、昔からの側近による密室政治であるとの批判を強く受けてきた。そのため、2015 年 2 月に朴大統領は与党や議会との調整役として政務特補 3 名を任命した。

Ⅲ　議会との関係

執政長官―議会関係の分析では、議会との関係における執政長官の憲法・法律上の権限および執政長官の党派的権力（partisan power）という 2 つの側面に対する検討が重要とされる（粕谷 2010）。党派的権力は、与党の議会支

配（過半数確保の有無）と執政長官の与党統制という2つの要因によって規定される。執政長官にとって、議員との「目的の分立」の程度を小さくすることが、与党統制の大きなカギとなる。

　日本の場合、議院内閣制では与党の議会支配が前提とされていることを踏まえ、首相を中心とする執政中枢部の法的権限と、与党内部における党首＝首相ら党執行部の集権度について検討してみる。

　1990年代の政治改革以前の日本では、憲法が当初想定していた議院内閣制の基本的特徴である、首相を頂点とする執政中枢部が与党議員と官僚を統制しながら国政を運営するという政治は確立しなかった。衆議院で実施されていた中選挙区制の選挙では、議員が党執行部の意向にかならずしも従う必要はなかった。当時与党の自民党では、党公認候補になれなくても個人後援会がしっかりしていれば無所属候補として当選することも可能であった。場合によっては、派閥レベルで非公認無所属候補を支援し、当選後に追加公認をすることもあった（待鳥 2012：89）。

　しかし、1994年の選挙制度改革により小選挙区比例代表並立制が導入され、2000年総選挙からは比例代表定数がさらに削減されたことで衆議院選挙が小選挙区制中心に戦われるようになると、党執行部と議員との関係には変化が生じた。小選挙区制は各選挙区の定数が1人であるため、有権者は基本的に2大政党の間で選択を行うこととなり、政党ラベルの意味が決定的となった。党執行部が行う候補者公認を得られるかどうかが死活問題になったのである。次回選挙での再選をめざす現職議員にとって、党執行部の意向に背くことは難しくなった。つまり、首相を中心とする与党執行部への集権化が生じたのである。小選挙区制導入による党執行部と議員との間の関係変化は、目的の分立の程度を低下させる効果をもったのである（待鳥 2012：89-90）。

　選挙制度改革とあわせて、政治資金規正法の強化と政党助成制度の導入も党執行部への権限集権化をもたらした。政治資金規正法強化により企業献金は原則的に政党のみに行われることとなり、政治家個々人が政治資金を獲得することは以前に比べて難しくなった。その一方で、政党助成制度により政党は資金が集めやすくなった。毎年、国から巨額の政党交付金が政党に配分

されている。個々の政治家にとって、党から配分される政治資金の重要性は格段に高まった。その結果、政治資金の配分権をもつ党執行部が、議員を統制することが容易になった。それとは対照的に、選挙や政治資金の獲得における派閥の役割は低下した（竹中 2006：243-244）。

　以上のような一連の政治改革の結果、党首＝首相はそれ以前の政権と比べてより強い権限の行使が可能となった。党内の派閥力学から自由になった首相は、閣僚人事において派閥推薦ではなく、首相自らの意向に沿って閣僚を任命できるようになった。すでに1990年代後半から派閥の力は弱まってきており、1998年7月発足の小渕恵三政権は、派閥均衡型人事の慣行を破り閣僚4名を「総裁枠」として任命した。これまでも内閣の目玉人事として首相による抜擢はあったが、首相が自由に指名できるポストを4つも作ることは以前では考えられなかった（竹中 2006：109-110）。2001年4月に発足した小泉純一郎政権では、組閣に際して首相は派閥推薦を一切受け付けなかった。また、小泉首相は閣僚任命時に首相の指示事項を記したメモを閣僚に渡して、政策面での内閣の一体性維持に努めたという（飯尾 2007：196）。

　政治改革が党執行部への集権性を高める一方で、行政改革に伴う内閣機能の強化は、首相を中心とする執政中枢部への集権性を政策過程において高めた。自民党政権についていえば、以前の特徴であった「政府・与党二元体制」が事実上崩壊したのである。自民党政権下では、内閣が法案を国会に提出する前に、党の政務調査会と総務会の了承を得る「事前審査」の慣行があった。かつて政務調査会の各部会は、中選挙区選出の各派閥所属議員らが与党の要望を政府の政策に反映させる場であった。

　しかし、内閣府新設や内閣官房拡充によって首相が政策を主導する体制が整うと、政策過程において与党の意向が反映されることは少なくなった。小泉政権時代には、政権の重要経済政策の柱である「骨太の方針」は、経済財政諮問会議でとりまとめられて閣議決定された。形式的には政府・与党政策懇談会が何度か開かれ、与党が「骨太の方針」に対して意見を出す場が設けられた。しかし、懇談会は「意見を聞く場であって、意見を反映させる場ではない」とされ、小泉首相は与党の要望をほとんど受け入れなかった（竹中 2006：164）。2002年の郵政民営化関連法案の国会提出の際には、小泉首相は

与党の事前審査を無視し、政策過程における与党に対する首相の主導性を確認した（竹中 2006：173-176）。

議院内閣制ではなく大統領制をとる韓国の場合、大統領と議会が別個に公選される仕組み、すなわち二元代表システムは、大統領と議会の間に抑制と均衡の関係をもたらす。特に、民主化を受け制定された現行憲法では、議会による大統領権限の抑制が意識されている。そのため、与党が議会過半数を確保できるかどうかが歴代政権の国政運営を大きく左右してきた。実際、大統領選挙は5年、議会選挙は4年周期の非同時選挙であるため、与党が議会過半数を占めることは容易ではない。また、盧武鉉政権以降、大統領が与党党首を兼ねなくなったことは、大統領の与党統制を難しいものにしている。

憲法が規定する大統領を抑制するための議会権限としては、国政監査の実施（第61条第1項）、大統領が拒否した法律案の再議決（在籍議員の3分の2が必要、第53条第4項）、大統領等に対する弾劾訴追議決（第65条第2項）、国務総理および国務委員の解任建議（第63条第1項）、条約批准および宣戦布告等への同意（第60条）などを挙げることができる。しかし、議会による大統領牽制は事実上容易ではないと考えられている。例えば、民主化後に大統領が拒否権を行使した法律案は14件あったが、このうち議会が再議決したのは1件だけであった[11]。2004年には盧武鉉大統領に対する弾劾訴追が議決されたが[12]、弾劾を主導した第1野党ハンナラ党（当時）は国民的反発を受け、同年4月の総選挙で議会多数党の地位を失った。弾劾手続きや国民世論を勘案すると、大統領弾劾訴追を行うハードルはきわめて高い。

他方、2000年6月の議会における人事聴聞会制度の導入は、大統領の人

---

11)「大統領拒否権行使、総72件」連合ニュース（http://www.yonhapnews.co.kr/politics/2013/01/22/0505000000AKR20130122064800001.HTML）、2013年1月22日配信。大統領が拒否権行使した法律案が国会で再議決されたのは、2003年12月に再議決された盧武鉉大統領側近の不正疑惑調査のための特別検事制度導入に関する法案。

12) 憲法第65条第2項は、「大統領に対する弾劾訴追は国会在籍議員過半数の発議及び国会在籍議員3分の2以上の賛成がなければならない」と定めている。弾劾訴追が議決されれば、国会は憲法裁判所に弾劾審判を請求する。憲法裁判所は審議の結果、盧武鉉大統領に対する弾劾審判請求を棄却し、盧大統領は職務復帰した。

事権を抑制する役割を果たしている[13]）。人事聴聞会法の制定により、国務総理、大法院長、憲法裁判所長、監査院長を大統領が任命するためには国会の同意が必要となった。人事聴聞会の対象者はその後拡大され、2003年には国家情報院長、国税庁長、検察総長、警察庁長が、2005年からは全ての国務委員が人事聴聞会による検証を経なければならなくなった。ただし、2003年以降に拡大された人事聴聞会対象者の任命には国会の同意は必要とされておらず、最終的に任命するかは大統領の判断となる。にもかかわらず、大統領から候補者指名を受けた高位公職者が、人事聴聞会を経る過程で厳しい検証を受けて指名辞退するケースが近年増えている。

次に、与党による議会過半数の確保について検討してみると、民主化後に実施された7回の総選挙のうち4回が、与党が少数党となり野党が過半数を占める「与小野大」の結果となっている。「与小野大」の議会では、与野党対立が激しく立法が難しいというのが一般的予想であるが、「与小野大」でも「与大野小」（与党が議会過半数を占める状態）でも議会における法案処理には差がないことが明らかになっている（呉スンヨン 2004；2008）[14]。しかし、「与小野大」の状況では、成立が難しいとされる法律案はそもそも法案処理が試みられないだけであるとの指摘もある。「与小野大」や「与大野小」そして法案処理の如何にかかわらず、韓国では議会における政党間対立が深刻であることを示す研究もある（金ヨンホ 2005；チョン・ジンミン 2008）。

大統領選挙と議会選挙の選挙周期の不一致は、大統領と議員との間の目的の分立の程度に大きな影響を与える。大統領が5年単任で重任不可であるのに対し、議員は任期4年で再選が最優先課題であることも重要な要因である。通常、大統領は任期中に1回、中間選挙的な性格をもつ議会選挙を経験する。大統領任期のうち早い時期に議会選挙があると与党の議会過半数確保は容易だが、大統領の与党統制は困難になる。他方で、遅い時期に議会選挙がある

---

13) 人事聴聞会からうかがえる行政府―立法府関係については、崔ジュニョン・趙眞晩・賈尙埈・孫ビョンゴン（2008）を参照。
14) 米国議会研究でも類似の結果が出ている。Mayhew（1991）、Krehbiel（1998）等を参照。

と与党の議会過半数は困難になるが、大統領の与党統制は容易になる（浅羽2010a：48）。李明博政権の場合には、任期初めと終盤の2回、議会選挙を経験した。任期初めの議会選挙では大統領と議員との間で目的の分立の程度は小さかったが、大統領任期終盤のレイムダック化した中での議会選挙では、両者の間で目的の分立の程度は大きかったといえる。

大統領による与党統制は、盧武鉉政権時代に大きな変化がもたらされた。盧大統領は、歴代大統領による与党の「私党化」を批判し、大統領が与党の運営に関与しないという「党政分離」（与党と政府の分離）原則を掲げた。そして、大統領が与党党首を兼ねる慣行をやめたのである。権威主義政権時代だけでなく、民主化後も「三金」と呼ばれた有力政治家（金泳三、金大中、金鍾泌）によって特定地域を基盤とする政党の私物化がさらに進み、韓国の政党は「帝王的総裁」が君臨する1人支配的かつ中央集権的な非民主的構造であった（任爀伯 2006：46-48）。そのため、金泳三および金大中政権では、大統領＝党首が、党職・議会職任命権、公認権、財政権を掌握して与党を支配することで議会に影響力を行使することが可能であった。

その一方で、大統領は5年単任制であるため、任期末に大統領周辺のスキャンダル等で支持率が低下しレイムダック化すると、与党からは大統領の党首辞任や離党要求が出された。再選をめざす与党議員にとって、退任する人気のない大統領とは距離を置くことが必要だからである[15]。あわせて、金大中政権末期には与党の改革の動きが起きた。党首と次期大統領候補の分離、大統領候補選出のためのオープン・プライマリー導入といった党内「民主化」措置がとられたのである（西野 2009：101-103；任爀伯 2004：334-336）。盧大統領は、この党改革の流れを定着させるべく、自らは与党運営に関与せず、また政策過程での「党政協議」も行わない党政分離の立場を維持した。しかし、党政分離によって大統領は与党を十分に統制できず、与党もまた国政運営や政策過程に影響力を行使できない状況の中、2004年3月のいわゆる弾劾政局において与党議員の多くが大統領弾劾訴追に賛成する事態となっ

---

[15] 現職大統領支持率が、その後の国政選挙に与える影響に関する一例として、賈尙埈（2008）を参照。

た。

　李明博政権は、党政協議を行い、大統領室や補佐陣の政務機能を強化することで大統領─与党関係の円滑化をめざしたが、早くから次期大統領有力候補と目されていた朴槿恵議員が与党内にいたこともあり、大統領が与党を統制することは難しかった。与党議員の公認権は、各選挙区でオープン・プライマリーや世論調査を導入したり、党外の専門家による公認審査委員会が設置されるようになったため、もはや十分な与党統制の手段ではなくなりつつある。

Ⅳ　官僚との関係

　公選により選ばれた執政長官と官僚との関係は、政治家による官僚の政治的統制という問題であり、突き詰めれば民主主義国家における官僚の民主的統制の問題でもある。主人─代理人関係で見れば、有権者─政治家─官僚という委任構造の中で、情報の非対称性およびモラル・ハザードが常につきまとう（Moe 1984）。

　執政長官─官僚関係を考えるときに重要なのは、その官僚に委任を行う政府部門が単数か複数か、という点であり、それを規定するのが執政制度である。すなわち、議院内閣制では内閣のみが委任を行うことになるが、大統領制では議会と大統領の双方が委任を行う。大統領制では、議会多数派と大統領は同一の政治勢力が占める保証はなく、議会が大統領に権限委譲を行うことも予定されていない（建林・曽我・待鳥 2008：218）。一方、官僚の側から見て重要なのは、人事権、予算編成権、そして政策過程における主導権を誰がもっているのかである[16]。官僚はこれらの権限によりその自律性を制約される。

　日本の場合、議院内閣制では官僚への委任は内閣（大臣）から単線的に行

16）人事権や予算編成権による官僚統制については、Moe 1982, 1985；Wood and Waterman 1991；Wood and Anderson 1993；Calvert, Moran, and Weingast 1989；Calvert, McCubbins, and Weingast 1989；Carpenter 1996 等を参照。

われるはずである。しかし、かつては政治任用職が少なく、政務次官などを含めても与党議員のうち内閣の一員となる割合は低かった。また、中選挙区制であったため党執行部への集権度は高くなく、与党議員は官僚に対するコントロールを内閣や大臣に完全には委譲せずに、自分の手に留保しようとしてきた。自民党政権下では、与党議員は党政務調査会の部会所属などを通じてその分野の専門家となり、官僚にとっての第2の委任者となった。これが族議員政治である（建林・曽我・待鳥 2008：229）。

　与党議員は党内での政策決定に際して、党執行部や内閣の方針に従うのではなく、族議員や派閥の一員としての自身の意向が政策に反映されるように行動し、省庁官僚もまた族議員や派閥と一体となって、ときに首相の方針に反する政策さえ立案してきた。このような族議員による省庁官僚のコントロールあるいは族議員と官僚の結びつきは、議院内閣制であるにもかかわらず、官僚が内閣と族議員からの統制を二重に受けるという複線的な委任構造が存在したことを示している。与党議員や官僚に独自行動の余地が残されていたということは、執政中枢部が与党議員や官僚を統制できていなかったことを意味する（待鳥 2012：131）。

　しかし、選挙制度改革による小選挙区制導入によって党執行部への集権化が進み、与党議員が権限を党執行部に委譲することで、官僚は内閣との関係をより強めた。同時に、行政改革による内閣機能の強化は、政策過程と予算編成における首相の主導権発揮を可能とし、省庁官僚の裁量範囲（agency slack）を縮小させた。

　官僚は本来執政中枢部の代理人だが、その専門性ゆえに裁量範囲が大きくなり、統制するのが容易ではない。内閣官房の拡充と内閣府の新設は、政策過程における首相の主導権発揮を支援する組織と人員を整えることで、省庁官僚の裁量範囲を縮小する試みであった。首相や官房長官に直属する組織であれば、当然に省庁官僚の場合よりも執政中枢部との「目的の分立」の程度は低くなる（待鳥 2012：90）。また、族議員と省庁官僚との間に強固な結びつきが形成され、執政中枢部が十分に関与しない形で政策立案がなされている場合には、政策立案機能を省庁官僚以外の直属スタッフに実質的に移すことで、首相は与党議員と省庁官僚の連合を解体し、与党議員や省庁官僚の干

渉を受けずに政策転換を図ることが容易になる。首相直属スタッフ組織の量的拡充と質的向上により、以前は与党議員から省庁官僚へと直結していた委任構造が変化し、首相を中心とする執政中枢部が政策過程で存在感を強めるようになった（待鳥 2012：90-92、158）。

政策過程だけでなく予算編成でも執政中枢部は主導権を発揮している。省庁官僚が政策や予算編成を企画・立案して内閣官房が総合調整を行うというのが従来のプロセスであったが、2000年代以降は首相を中心とする執政中枢部で大きな方針と作業工程を示し、各省がその方針や工程に沿って政策・予算を具体化していくプロセスへと変わった（古川 2005：14-15）。特に、小泉政権では予算編成において経済財政諮問会議が財務省から主導権を奪ったことはよく知られている（建林・曽我・待鳥 2008：218）

省庁官僚の人事権も首相を中心とする執政中枢部が主導するようになった。行政改革以前は、省庁幹部官僚の任免に必要だったのは閣議「了解」であった。閣議了解とは、各大臣の権限で決裁できるが、一応ほかの閣僚の同意を得るために閣議に提出される議題である。いわば追認にすぎず、制度上は閣議で反対があっても主務大臣による任免が覆る可能性は低い。しかし、行政改革以降は、各省大臣に任命権を残しながらも、幹部官僚の任免については内閣の「承認」が必要とされることになった。閣議承認になったことで、幹部官僚人事の成立には内閣の賛成を得なければならない。そのため、閣議に諮る前の事前人事審査のために、官房長官と3人の副長官からなる人事検討会議が首相官邸で開かれるようになった。これにより、各省の希望だけではなく、首相の意向が反映される幹部官僚人事が行われるようになった。人事検討会議を通じて、首相の人事権が実質的に強まったのである（信田 2004：20）。

次に韓国について検討してみると、大統領が官僚を統制する際の最も強力な手段の1つが人事権である。大統領は国務総理および国務委員をはじめ検察総長、監査院長、国家情報院長、国税庁長、警察庁長などの政府高位公職者の任命権をもつことはもちろん、省庁幹部官僚（次官級、局長・室長級等を含め1600名以上）に対して実質的な人事権を行使する[17]。大統領の人事権は、政府公職者だけでなく、官僚の天下り先でもある公企業や準政府機関（公団、

公社など）のトップにも及ぶ。

　韓国の場合、高位公職者のほとんどが議会ではなく、大統領との間で人事権行使を介した委任関係をもつため、大統領は官僚を統制しやすいといえる。ただし、政権任期5年の末期になると、官僚は次期政権との関係を念頭に置くようになり、大統領と官僚との間の目的の分立の程度は大きくなる。

　予算編成について見ると、憲法は「国会は、国の予算案を審議、確定する」（第54条1項）と規定している。しかし同時に、予算案の編成は政府が行うことになっており（第54条第2項）、国会は政府の同意なしに政府提出予算案の各項目について増額したり新しい項目を設けることはできない（第57条）。さらに、政府は会計年度開始90日前までに予算案を国会に提出し、国会は同30日前までにこれを議決しなければならない（第54条第2項）。そのため、政府が提出した予算案は大きな調整なしに議決されることになる（チョン・ヘウォン 2010）。こうした憲法規定と実質的な予算編成過程を踏まえると、予算編成で最も大きな影響力をもつのは政府首班たる大統領である。この予算編成における大統領の影響力もまた官僚統制のための手段となる。

　最後に、政策過程における大統領の主導権は、大統領秘書室の各首席秘書官室が、省庁官僚に直接指示を出すことを通じて発揮される。秘書室では、大統領選挙時に選挙公約を作成した参謀らが政治任用ポストに登用されており、大統領の政策形成を補佐している。大統領は、選挙公約や国政課題の実現や、大きな政策転換のときには政治任用の参謀らを重用するが、現状維持的な政策の推進には省庁官僚の専門性を重視するといわれる。省庁官僚のもつ専門性ゆえにその裁量範囲は大きくなりがちだが、民主化後の韓国では、政策過程における正統性、代表性、責任性といったものが重視されており、公選で選ばれた大統領による官僚の統制は今後も強まっていきそうである。

---

17) 2008年2月26日付『東亜日報』記事によれば、大統領が人事権を行使できる公職者数は7000名以上であるとされる。このうち、閣僚級30名、次官級88名、局長・室長級457名、その他高位公務員1121名の計1696名の公職者に対して大統領が実質的な人事権を行使するという。

おわりに

　日本の議院内閣制と韓国の大統領制を権力分立にもとづく伝統的なアプローチで見た場合、日本は「弱い首相」の議院内閣制であり、韓国は「強い大統領」制であると認識されてきた。興味深いことに、これは従来の執政制度比較から得られる知見とは正反対の見方であった。英米執政制度の比較では、立法と行政が融合する政府の頂点に立つ「強い首相」のイギリス議院内閣制と、立法と行政が分離しており議会の牽制を受ける「弱い大統領」のアメリカ大統領制という結論が導き出されたからである。飯尾・増山（2004）は、1990年代中盤までの日韓の執政制度が、権力分立という観点から見て、英米とは制度面でも運用面でも異なることを明らかにした。

　しかしその後、日韓両国では執政制度に関するさまざまな改革措置がとられたことにより、1990年代とは異なる制度が定められ運用されるようになった。その結果、日本の「弱い首相」と韓国の「強い大統領」という従来の認識に対する再考が必要となった。例えば、日本では、1990年後半から2000年代初めの政治改革と行政改革による新しい制度の導入と、それを積極的に活用した小泉政権の登場により、「首相支配」や「官邸主導」という言葉が頻繁に使われるようになった。一方の韓国では、現在の政治を説明する際に「帝王的大統領」という言葉は使われなくなった。そして2000年代以降、大統領権限の実質的制限を試みるさまざまな措置が取られ、その動きは盧武鉉政権下で積極的に推し進められた。

　本章では、2000年代以降の日韓両国における執政制度の変容を、比較政治制度論の「目的の分立」という概念を用いながら、特に執政中枢部に着目して比較研究を行った。

　執政長官（首相、大統領）を直接支えるスタッフ組織、議会との関係、そして官僚との関係についてそれぞれ検討した結果、日本と韓国の執政中枢部内では、目的の分立の程度、執政中枢部への集権化において、やや対照的な姿を見せていることが明らかになった。日本の場合、首相と立法部門・行政部門の間における目的の分立の程度が小さくなり、執政中枢部へ集権化が進んだことを確認できた。小泉政権は、小選挙区制導入や内閣機能強化などの

改革の成果を、強力な執政中枢部というかたちで実現したのである。

　一方、韓国の場合、時期ごとに違いはあるが、大統領と立法部門・行政部門との間における目的の分立の程度は、1990年代と比べると小さいとはいえない。大統領が与党党首を兼ねた時代が終わり、人事聴聞会の実施など議会による大統領権限への牽制が強まったためである。しかし、大統領権限を牽制する制度の導入が進んではいるものの、大統領が国政運営の中心であるという事実には変わりはない。

　日韓の執政長官および執政中枢部の権限と役割は、両国の社会・経済的状況を踏まえた制度変更によって変化してきた。したがって、現在の政治における執政中枢部の特徴がこれからも続いていくと予断することはできない。日韓両国の執政長官をとりまく制度的環境、議会および官僚との関係が今後どのように変容していくのか、持続していくのか、さらに日韓両国の制度変更からどのような共通項を見つけ出せるのか、更なる制度比較研究によって検討すべき課題としたい。

＜参考文献＞
【日本語】
浅羽祐樹．2010a．「韓国の大統領制──強い大統領と弱い政府の間」粕谷祐子編『アジアにおける大統領の比較政治学』ミネルヴァ書房：39-59.
浅羽祐樹．2010b．「首相がいる韓国の大統領制──首相の任命・解任をめぐる大統領と議会の関係」吉川洋子編『民主化過程の選挙』行路社：41-64.
飯尾潤・増山幹高．2004．「日韓における弱い議院内閣制と強い大統領制」曽根泰教・崔章集編『変動期の日韓政治比較』慶應義塾大学出版会：83-116.
飯尾潤．2007．『日本の統治構造──官僚内閣制から議院内閣制へ』中公新書.
五十嵐吉郎．2013．「内閣官房、内閣府の現在──中央省庁等改革から13年目を迎えて」『立法と調査』347号：54-79.
伊藤光利．2008．「序論：コア・エグゼクティヴ論の展開」伊藤光利編『政治的エグゼクティブの比較研究』早稲田大学出版部：1-17.
任爀伯．2004．「三金時代における韓国民主主義の定着化──成果・失敗・残された課題」小林良彰・任爀伯編『日本と韓国における政治とガバナンス』慶應義塾大学出版会：309-356.
―――．2006．「市民社会、政治社会、民主的責任制──民主化後の韓国市民社会の政治改革運動」小林良彰・任爀伯編『市民社会における政治過程の日韓比較』慶應義

塾大学出版会：31-77.
大西裕．2008．「『強い大統領』という韓国政治の幻影——国務総理任命と大統領秘書室」伊藤光利編『政治的エグゼクティブの比較研究』早稲田大学出版部：131-153.
粕谷祐子．2010．「アジアにおける大統領・議会関係の分析枠組み——憲法権限と党派的権力を中心に」粕谷祐子編『アジアにおける大統領の比較政治学』ミネルヴァ書房：1-37.
信田智人．2004．『官邸外交——政治リーダーシップの行方』朝日選書．
竹中治堅．2006．『首相支配——日本政治の変貌』中公新書．
建林正彦・曽我謙悟・待鳥聡史．2008．『比較政治制度論』有斐閣．
内閣府．2013．『内閣府　組織・業務の概要 2013』．
西野純也．2006．「盧武鉉大統領のポピュリスト的リーダーシップ」2006 年度日本比較政治学会報告ペーパー．
―――．2009．「韓国――新しい対立軸は何か」『アステイオン』71 号：92-106.
古川貞二郎．2005．「総理官邸と官房の研究——体験に基づいて」『年報行政研究』40 号：2-23.
待鳥聡史．2012．『首相政治の制度分析——現代日本の権力形成基盤』千倉書房．
山口二郎．2007．『内閣制度』東京大学出版会．

【韓国語】
賈尙埈．2008．「盧武鉉大統領に対する評価が 2007 年大統領選挙に及ぼした影響力分析」『現代政治研究』第 1 巻第 1 号：33-57.
金ヨンホ．2005．「韓国の大統領制憲政秩序の不安定要因分析：分割政府と大統領―国会間の対立」『国際政治研究』第 8 巻第 1 号：1-28.
呉スンヨン．2004．「韓国分割政府の立法過程分析：第 13 代-16 代国会を中心に」『韓国政治学会報』第 38 巻第 1 号：167-193.
―――．2008．「分割政府が国会の立法に及ぼす影響：重要法案の処理結果を中心に」『議政研究』第 14 巻第 2 号：61-93.
チョン・ヘウォン．2010．「国会の予算及び決算過程」議会政治研究会『韓国国会と政治過程』オルム：209-234.
チョン・ジンミン．2008．「生産的国会運営のための大統領―国会関係と政党」『韓国政党学会報』第 7 巻第 1 号：77-102.
崔ジュニョン・趙眞晩・賈尙埈・孫ビョンゴン．2008．「国務総理人事聴聞会で現れた行政府―国会関係分析：会議録に対する内容分析を中心に」『韓国政治学会報』第 42 巻第 2 号：151-169.
咸成得．2002．『大統領秘書室長論』ナナム出版．

【英　語】
Calvert, Randall, Mark J. Moran, and Barry R. Weingast. 1989. "Congressional Influence over

Policymaking: The Case the FTC," Mathew D. McCubbins and Terry Sullivan, eds.. *Congress: Structure and Policy*, Cambridge University Press.

Calvert, Randall L., Mathew D. McCubbins, and Barry R. Weingast. 1989. "A Theory of Political Control and Agency Discretion," *American Journal of Political Science* 33: 588–611.

Carpenter, Daniel P. 1996. "Adaptive Signal Processing, Hierarchy, and Budgetary Control in Federal Regulation," *American Political Science Review* 90: 283–302.

Cox, Gary W. and Mathew D. McCubbins. 2001. "The Institutional Determinants of Economic Policy Outcomes," Stephen Haggard and Mathew D. McCubbins, eds.. *Presidents, Parliaments, and Policy*. Cambridge University Press.

Haggard, Stephen and Mathew D. McCubbins. 2001. "Introduction: Political Institutions and the Determinants of Public Policy," Stephen Haggard and Mathew D. McCubbins, eds.. *Presidents, Parliaments, and Policy*. Cambridge University Press.

Krehbiel, Keith. 1998. *Pivotal Politics: A Theory of U.S. Lawmaking*. University of Chicago Press.

Mayhew, David. 1991. *Divided We Govern: Party Control, Lawmaking, and Investigations, 1946–1990*. Yale University Press.

Moe, Terry M. 1982. "Regulatory Performance and Presidential Administration," *American Journal of Political Science* 26: 197–224.

———. 1984. "The New Economics of Organization," *American Journal of Political Science* 28: 739–777.

———. 1985. "Control and Feedback in Economic Regulation: The case of The NLRB," *American Political Science Review* 79: 1094–1116.

Rhodes, R. A. W. 1995. "From Prime Ministerial Power to Core Executive," R. A. W. Rhodes and Patrick Dunleavy, eds.. *Prime Minister, Cabinet and Core Executive*. Macmillan.

Wood, Dan B. and James E. Anderson. 1993. "The Politics of U.S. Antitrust Regulation," *American Journal of Political Science* 37: 1–39.

Wood, Dan B. and Richard W. Waterman. 1991. "The Dynamics of Political Control of The Bureaucracy," *American Political Science Review* 85: 801–828.

第4章

日韓比較を通じた選挙制度の政治的影響の検証
――経路依存・代表性・政治意識

趙眞晩・飯田健

はじめに

　代議制民主主義において、選挙制度は有権者の意思を政治に反映させるうえで最も核心的な制度である。選挙制度は政治的アクター間の競争、有権者の政治参加と投票のあり方、選挙の過程と結果に対する候補者および有権者の期待や行動にさまざまな影響を与え、それらを規定するという点で重要な意味をもつ（Farrell 1997）。すでに確立されている選挙制度は政治におけるアクターの複雑な利害関係を反映しているため、根本的に変更を加えることは容易ではない（Knight 2001; Levi 1990; Steinmo et al. eds. 1992）。しかし、それにもかかわらず、アクター間で共有された現行の選挙制度についての問題意識や、特定の選挙制度がもたらす政治的効果についての思惑が重なり、ときとして選挙制度改革が実行されることもある。

　ここで問題は、特定の選挙制度がもたらす政治的効果は必ずしも一定ではなく、異なる要因によって国ごとに違いが現れるということである。したがって、選挙制度がどのような政治的効果をもたらすのかという問題を検証するためには、国家間の比較研究を行うことが有用である。なぜなら、このような比較研究を通じて、特定の選挙制度の改革が異なる政治環境の中でどのような変化と継続をもたらしたのか、また選挙制度の差異が政治におけるどのような違いを生み出しているのかなど、多様な議論が可能となるからである。また、このような比較研究は、今後代議制民主主義の発展のために、さ

らにどのような選挙制度改革が必要なのか、より生産的な議論を提供するという意味でも有用である。

本章ではこのような観点から前半において、日本と韓国が2004年と1996年総選挙で導入した1人2票制に関する比較を行い、後半において2004年の韓国の総選挙と日本の参議院議員選挙の比較を行う。前半の分析は、両国で新しく導入された1人2票の小選挙区比例代表並立制という同じ制度が、両国の特殊な事情によってどのように異なる政治的帰結をもたらしたのかについて、集計データを用いて記述的に検証する。一方、後半の分析では、反対に日韓両国間の異なる選挙制度を比較することで、選挙制度の違いが有権者の選挙後の政治意識にどのような違いを生み出すのかについて、個人レベルデータを用いて検証する。両分析とも、日韓両国の制度的、社会的な類似や相違を利用することで選挙制度論に対する一般的な貢献をめざすものである。

具体的に前半では、1人2票の小選挙区比例代表並立制の導入が日本と韓国という異なるコンテクストで実施されたことに注目し、次のような問題を検証する。第1に、日本と韓国の政治的背景の違いにかかわらず、なぜ同じ1人2票制が導入されたのか考察する。政治的に日本と韓国は政界と経済界との癒着による政治腐敗、金権選挙、人物中心の政治、派閥の問題など負の遺産を多く共有している一方、それぞれ異なる政治的問題を抱えている。そして日本と韓国はそれらの問題を解決するべく、政治改革の一環として選挙制度の変化に関する多様で激しい議論を推し進め、それは最終的にそれぞれ1996年と2004年の小選挙区比例代表並立制導入に結実した（Reed and Thies 2001a; Seligmann 1997；キム・ジェハン 2002；チャン・フン 2000；シン・ミョンスン他 1999；シン・ミョンスン 1994）。

第2に、日本と韓国の政治的相違は、小選挙区比例代表並立制の導入とその結果にいかなる影響をもたらしたのかを考察する。韓国の場合、2004年に1人2票の小選挙区比例代表並立制が導入されるまで単純多数小選挙区制を基本として一定水準の全国区比例代表議席を割り当てる選挙制度を採用していた[1]。一方、日本の場合、1996年に1人2票の小選挙区比例代表並立制が導入されるまで単記非移譲式中選挙区制を採用していた[2]。すなわち、日

本と韓国は異なる選挙制度を採用していた状況の中で、同じ1人2票の小選挙区比例代表並立制への選挙制度改革を行ったという経験を共有している。こうしたことから、制度の経路依存性（Pierson 2000）により、日本と韓国が同じ1人2票制を導入したにもかかわらず、その政治的効果に相違が見られるという点について考察できるだろう。

さらに後半では、日本と韓国の選挙制度の違いに着目し、小選挙区―中選挙区、拘束名簿方式―非拘束名簿方式の違いが、選挙の結果、「敗者」の側に回った有権者の意識にどのような影響を与えるのかが検証される。民主主義では、人々が政府の決定に対して影響を及ぼすことが期待されているものの、現実には政治に対して無力感を感じる人々も多く存在する。人々の間におけるこうした政治的有効性感覚（political efficacy）の違いは何によってもたらされるのか、人々の意見を政治に反映させる装置としての選挙制度の違いは人々の政治的有効性感覚にどのような影響を与えるのか。ここではこうした問題が検討される。

このように、日本と韓国の選挙制度に関する比較研究は個別的なレベルだけでなく、一般的なレベルで選挙制度の効果を考察できるため、重要な意味をもつ。すなわち、日本と韓国の選挙制度についての比較研究は、日本と韓国における選挙制度改革の事例について関心をもつ読者の要求に応えるのみならず、両国の選挙制度の違いによりどのような政治的な違いが生まれたのか、選挙制度のより一般的な因果効果を分析できるため、広く選挙制度論に関心をもつ読者にもさまざまな論点を提供できる。そしてこのような比較研

---

1) 2004年より前の韓国の選挙制度では、全299議席のうち253議席は地域区での単純多数代表制で選出されており、残り46議席は比例代表議席として、地域区で5議席以上を獲得したか、5％以上の全国得票を記録した政党だけを対象に得票率に従って比例的に配分されていた。
2) 1996年より前の日本の選挙制度では、有権者は3名から5名まで選出する中選挙区制で1票を投じていた。また、選出する議員定数の順位までに入る票を得た候補者が当選した。なお中選挙区制という用語は、単記非移譲式投票を指す日本独自のものであり、選挙制度論的には複数定数をもつ大選挙区（multi-member districts）の一種である（加藤 2003）。

究は、その結果をもとに日本や韓国をはじめとする各国が、代議制民主主義の強化のために今後さらにどのような努力をすべきなのかについてもさまざまなインプリケーションを提供するであろう。

I　日本と韓国の1人2票制導入の背景と効果

　代議制民主主義において、選挙は定期的に国民の意思を把握し、それを政治に反映させる機能を果たす。その際、ある国が比例代表制を採用しているか、あるいは多数代表制を採用しているかにより、国民の意思が政治に反映される様相は異なる（Farrell 1997：1-11）。したがって新しい選挙制度の導入は有権者の投票行動と選挙への参加、そして政治制度全体の変化などの政治的効果と関連して多くの研究課題と論争を提供する。

　各国の議会選挙制度は、投票方式、選挙区制、議席配分方式などさまざまな点で異なる。しかし、一般的に議会制度は有権者の政治的選好をそのまま最大限政治的結果に反映することを主な目的としている比例代表的な選挙制度と、有権者の政治的な選好が政治的結果に正確には反映されないが、責任の所在の明確性と政治的安定性を追求することを主な目的とする多数代表的な選挙制度の2つに大きく分けられる（Farrell 1997; Blais 1991）。

　多数代表的な特徴をもつ候補者投票と比例代表的な特徴をもつ政党投票の両方を用いる1人2票制の場合、上記の選挙制度の2つの類型のうち、いずれに分類するのか多少困難が生じる[3]。一般的には、1人2票制の場合、議席の配分がいかなる方式で行われるか、すなわち比例代表的な選挙制度により近い特徴をもつか、あるいは多数代表的な選挙制度により近い特徴をもつかによって判断されることになる。例えば、ドイツとニュージーランドのように政党投票の結果を基準として全体議席を相互連動的に配分する混合型1人2票制の場合、比例代表的な特徴をもつ選挙制度に分類され、小選挙区比例代表併用制（mixed member proportional representation: MMP）と呼ばれる。し

　3）1人2票制に対する詳細な概念定義と類型分類は、Norris（2004：55-60）; Shugart and Wattenberg eds.（2001：9-24）; Massicotte and Blais（1999）を参照。

かし、日本と韓国のように候補者投票と政党投票によって配分される議席がそれぞれ固定されていて相互独立的な特徴をもつ1人2票制の場合、比例代表的な特徴と多数代表的な特徴を同時にもちつつも相対的に多数代表的な特徴が強い選挙制度とみなされ、小選挙区比例代表並立制（mixed member majoritarian）と呼ばれる。

1　理論的検討

　まず、日本と韓国における1人2票の小選挙区比例代表並立制の導入過程を検討するにあたっては、この制度は選挙制度改革に必要な政治的妥協が相対的に容易な選挙制度である点に着目する必要がある。一般的に、選挙制度がどのように設定されているかによって選挙競争での勝者と敗者が変わることが考えられるので、政治的利害関係を異にする政党（例えば、大政党と小政党）の間で選挙制度改革について合意が成立するのは容易ではない。その点、1人2票制の場合、比例代表的な選挙制度と多数代表的な選挙制度の混合型として、異なる政治的アクターの要求に対応できる特徴をもっており、さまざまな妥協の可能性があるため、合意に至る可能性が相対的に高い。そして、これは同じ1人2票制を導入した国であっても、現行の選挙制度や政治状況などによって、それが導入される動機や目的に大きな相違があることを示唆する。そこで、ここでは日本と韓国が1人2票制を導入する前に異なる選挙制度を採用していたことを考慮して、小選挙区比例代表並立制の導入について次のような仮説を立てる。

仮説1：改革の前に採用されていた選挙制度や政治状況の違いにより、日本と韓国の1人2票制導入過程は相違をもっていた。

　第2に、1人2票制の一般的な特徴と、そのため予想される政治的な効果は、日本と韓国の事例を中心に見れば、次のようになる。まず、1人2票制は有権者に候補者投票と政党投票を同時にできる機会を提供する点で重要な意味をもつ。日本や韓国では、伝統的に政治家の資質を重視する政治文化と人物中心の選挙過程により、選挙では政党評価とともに、人物評価も有権者

の投票決定に重要な影響を及ぼすと考えられてきた(キム・ホソプ 1996；イ・チュンチョン 1995；シン・ミョンスン 1994)。それゆえ、1人1票制下で日本と韓国の有権者は支持する候補者と政党が異なる場合、政党か人物いずれの評価をもとに最終的に投票決定を下すかについて悩まざるを得なかった。

しかし、1人2票制が導入されたことで、日本と韓国の有権者は候補者に対する選好と政党に対する選好のうちどちらを優先して投票するかについて悩む必要がなくなった。なぜなら、1人2票制下で日本と韓国の有権者は候補者に対する選好と政党に対する選好が異なる場合、政党投票と候補者投票で票を分割して投票(split-ticket voting)することができるようになったからである。そして、これは日本と韓国の有権者は1人1票制で行われていた以前の選挙制度よりも、1人2票制のもとでは自由にみずからの選好を表明する機会を得るようになったことを意味する。

また1人2票制は、候補者投票は多数代表的な方式で当選者の決定が行われる一方、政党投票は比例代表的な方式で議席が配分される特徴をもっている点でも重要な意味がある。一般的に1人2票制の候補者投票のように多数代表の単純多数小選挙区制のもとで議席が配分される場合、小政党を支持する有権者は自身の票が死票になることを恐れ(Duverger 1954)、その結果支持する候補者(や政党)の当選可能性を考慮して戦略的投票(strategic voting)をする可能性が高い(Ordeshook and Zeng 1997; Blais and Nadeau 1996; Lanoue and Bowler 1992; Cain 1978; Riker and Ordeshook 1968)。これは、小選挙区制の選挙結果は有権者の正直な選好を必ずしも正しく反映しないということを示唆する。一方、1人2票制における政党投票のように議席が比例代表的な方式で配分される場合、有権者はみずからが支持する政党の大小にかかわらず、選好をそのまま維持しながら誠実な投票(sincere voting)を行う可能性が高い(Johnston and Pattie 2002; Karp et al. 2002; Kohno 1997)。なぜなら、政党投票の議席配分は比例代表的な方式で行われるので、有権者は自分の票が死票になることを憂慮して選好を変更するよりは、正直に政党選好を明確に表明する可能性が高いからである[4]。

こうした戦略投票を考慮した小選挙区比例代表並立制の比例性への効果は、導入以前にどのような選挙制度が存在していたかによる。1人1票の単純多

数小選挙区を中心とした選挙制度を有していた韓国においては、1人2票制が導入されることで、有権者が小政党への投票を考える際、自身の選好を戦略的に考慮することなく、より正直に表明することができるようになったと考えられる。つまり韓国における1人2票制導入は、有権者の意思が政治によりよく反映される効果をもたらしたと予想され、結果として選挙制度の比例性が向上した可能性が高い。しかし一方で、日本の場合、旧来のいわゆる中選挙区制は、1人1票ながら複数の選挙区定数をもつという意味で選挙制度論的にはすでに比例代表制の一種であり、実際、Lijphart（1994）が準比例的（semi-proportional）選挙制度と定義したほどに比例性が高いという特徴をもっていたため、選挙制度改革による小選挙区の導入により、中選挙区で二番手に位置するような候補者の支持者の票は、新たに導入された小選挙区においては戦略投票を行わないかぎり死票になることとなり、結果として比例性が損なわれた可能性が高い。

仮説2：韓国における1人2票制の小選挙区比例代表並立制の導入は選挙制度の比例性を高めた一方、日本における1人2票制の小選挙区比例代表並立制の導入は選挙制度の比例性を低下させた。

　第3に、日本と韓国の1人2票制導入は、政党制のあり方に異なる影響を及ぼしたと考えられる。前述のとおり1人2票制の小選挙区比例代表並立制の場合、候補者投票においては単純多数小選挙区をもとに多数代表的な方式で議席が配分されるため有権者の戦略的投票により大政党が議席を専有する可能性が高いが、政党投票においては、比例代表的な方式で議席が配分されるので、有権者の正直な投票を行う可能性が高く、相対的に小政党も議席を

4）このような1人2票制の特徴によって、韓国の場合、それまで1人1票制下で有権者の候補者に対する投票を政党に対する投票に擬制して支持政党の決定要因を分析するほかなかったのが、政党投票の結果をもとに候補者要因の影響力を統制しつつ、有権者の支持政党決定要因を直接分析できる道が開かれた（Schoen 1999；チョ・ジンマン、チェ・ジュンヨン 2006）。

得るのが容易である。以上のことから、もともと小選挙区制を中心とした選挙制度をもっていた韓国では、1人2票制の導入は比例代表的な方式の政党投票が新たに導入され、そのために小政党が議席を得る機会が拡大された点で導入前に比べて政党制が多元化した一方、もともと比例性の高い中選挙区制をもっていた日本では、選挙制度改革により二大政党化が進んだと考えられる。

仮説3：韓国における1人2票制導入は多党化の傾向をもたらした一方、日本における1人2票制導入は二大政党化の傾向をもたらした。

第4に、一般的に死票が少なく有権者の選好をより反映する制度下で有権者が投票に参加する可能性が高い（Blais and Carty 1990；キム・ヨンテ 2002）という点を考慮すれば、日本と韓国における1人2票制の導入は投票率に対してそれぞれ逆の効果をもたらしたと思われる。なぜなら韓国における1人2票制導入は、有権者が候補者投票と政党投票を分割してできる機会と、比例代表的に議席が配分される政党投票で戦略的考慮から離れて政党に対する選好を直接的に表明できる機会を提供することで、究極的には以前よりも多くの有権者に選挙に参加するインセンティブを与えるようになった見ることができる一方、日本の場合、小選挙区制の導入により自分の投じた票が死票になる可能性が増えたことで、投票参加のインセンティブが低くなったと考えられるからである。

仮説4：韓国における1人2票制導入は有権者の投票参加を高めた一方、日本における1人2票制導入は有権者の投票参加を低下させた。

2　1人2票制導入の背景と過程

以上の理論的検討をふまえて、まずは日本と韓国の小選挙区比例代表並立制導入の過程について見てみよう。日本と韓国は、ともに政府主導で高度経済成長をめざす過程で、政治資金を必要とする政界の要求と、政治が関係するさまざまな経済的利害に対する経済界の要求が合致したことにより、政界

と経済界との癒着が発生したという点で類似した政治環境をもっていた[5]。そして、そのような状況の中であらゆる政治腐敗が後を絶たず起こり、高コスト・低効率の政治が蔓延していた。また、日本と韓国はほかの欧米の民主主義国と比べて、相対的に政党の制度化の度合いが低く、人物を中心とする政治文化が存在しているという共通した特徴もある。その中で、カネと組織を動員した選挙運動が進められ、地盤や派閥が形成された結果、政党が全国政党や政策政党として発展できず、いわば有力政治家の「私党」の集合体と化す傾向があった。それゆえ、日本と韓国の政治家は既存の利害関係を考慮して国民の要求に応える政治改革案を行うことのできない状態になり、政治に対する国民の不信感および政治改革に対する要求が高まった。

しかしこうした類似点にもかかわらず、日本と韓国における同じ１人２票制の導入は、それぞれ異なる背景を有していた。まず、韓国で１人２票制は、何よりも選挙制度の代表性を高めるための努力の一環として導入された。朴正熙政権期の1962年11月に第５次憲法改定を通して導入された全国区比例代表制は、議席比率および議席配分方式が政権ごとに異なり、死票防止、小政党の国会進出、専門知識をもった専門家の政界進出の増大といった国民の政治への代表性を高める役割を果たすよりは、むしろ権威主義体制維持の手段としての役割を果たし批判の対象になっていた（シン・ミョンスン 1994）。また民主化以降、金泳三政権期では、第15代総選挙から候補者の政党の得票率をもとに全国区比例代表議席が配分されたことにより、全国区比例代表議席配分方式についての議論は一段落したが、先述のとおり１人１票制下で候補者投票をあたかも政党投票のように扱い、全国区比例代表議席を配分することは直接選挙の原則に違反するため、１人２票制を導入すべきであるとの主張が1990年代半ばから学界と市民団体を中心に提起された（パク・チャヌク 2004：42）。

2000年代に入って、清廉政治国民連合、民主労働党創党準備委員会、新

---

5) 韓国の場合こうした要因以外にも、権威主義政権期の政府与党が体制維持を目的に金権選挙と組織選挙を助長したことにより、政経癒着の腐敗が深刻に現れたという要因がある。

千年民主党所属議員が相次いで憲法裁判所に、1人1票による全国区比例代表議席配分の違憲性について訴えを起こした。これに対し、憲法裁判所は2001年7月19日、審理の結果、1人1票方式で全国区比例区に議席を配分することは直接選挙、平等選挙、自由選挙の民主主義原理に合致しない[6]と指摘し、違憲判決を下した。その結果、2002年3月7日に選挙法改正を通じて1人2票制が導入された。つまり、韓国における1人2票制の導入は、政界の利害関係を考慮した妥協の結果で行われたというよりは、制度の合憲性についての司法的判断によって行われたと評価できるのである。

一方、日本における1人2票制は選挙制度の代表性を向上させる目的ではなく、1980年代以降継続的に起こっていた政治腐敗を根絶し、政治のあり方を根本的に変化させる目的で導入したものであり、政界のさまざまな利害関係を考慮した妥協の産物であった（Reed and Thies 2001a; Seligmann 1997; Christensen 1996; コ・ソンギュ 2002; キム・ジェホ 2002; チェ・ウンボン 1995）。1980年代のロッキード事件とリクルートスキャンダル、1990年代の佐川急便事件、金丸事件などの政治腐敗が問題となり、政治改革の要求が大きな争点として浮上した（イ・サンフン 2002）。このような政治腐敗の根本的な原因として、単記非移譲式の中選挙区制が指摘されたのである。

それは次のような理由による。中選挙区制では、通常3～5名を選出する選挙区で有権者は1票を投じ、単純多数方式で当選者が決定された。この制度のもとでは、議会の過半数議席を獲得し単独政権を維持しようとする大政党（自民党）は、1つの選挙区に複数の候補者を擁立し当選させる必要があった（Reed and Thies 2001b: 382）。同じ政党から出馬した候補者は、政党としての政策などの違いを強調して選挙運動を行うことができなかったため、候補者の個人的な能力や特徴を強調する必要があった。このような候補者中

---

[6] 1人1票にもとづいた全国区比例代表議席の配分は、無所属を支持する有権者の票が考慮されないという点で民主主義の平等選挙原則に反しているといえる。また、支持する政党の候補者が選挙区に出馬しない場合と、支持する政党と候補者が異なる場合、一方的な選択を強要するようになる点で有権者の意思を表明する自由を制限するという問題がある（パク・チャヌク 2004; キム・ジェハン 2002）。

心の選挙運動を行うためには莫大な選挙資金が必要であったが、資金は政党内の派閥によって提供されるのが慣例的であった（Cox and Thies 1998；キム・ジェホ 2002；キム・ホソプ 1996）。そのうえ、中選挙区の場合、小選挙区と比べて相対的に少ない得票でも当選が可能であるので、カネを使う選挙が助長されるとされた[7]。すなわち中選挙区制は、大政党が1つの選挙区に複数の候補者を当選させようとする過程で党内派閥を発達させ、派閥を中心に金権選挙が行われるという問題を生み出したのである。

さらに、中選挙区制は現実的に政権交代を不可能にし、責任ある政党政治を実現するうえでも多くの問題があるとされた。すでに指摘したように中選挙区制下の選挙競争は、政党間の政策の違いをめぐる競争ではなく候補者中心で進められた。したがって、政治家はこぞって個人後援会を組織し地盤を固め、いったんそれらが強固になると比較的少ない得票率でも当選できるようになった。そのため中選挙区制下では、政党の政策や政権運営に多少問題があったとしてもその候補者は当選することができたため、選挙は政治家の審判の機会としてはあまり機能しなかった（キム・ジェホ 2002：410）。このような事情があり、1955年に確立された自民党一党優位体制は多くの問題点を抱えていたにもかかわらず、選挙結果という形でその責任をとらされることなく1993年まで存続することができたのである[8]。

実際、このような中選挙区に対する問題点は1990年代以前にも再三指摘されてきた。しかし1993年総選挙で自民党が過半数議席確保に失敗し、野党連合に政権を渡す状況が生まれるまでは、選挙制度改革の議論は現実的ではなかった（Seligmann 1997）。なぜなら、中選挙区制の最大の受益者である自民党には、みずからに有利な選挙制度を変化させる理由がなかったからで

---

7) 実際に、1996年1人2票制の導入を主張した新進党の小沢一郎党首は、「中選挙区制ではなく、小選挙区制で選挙を実施すれば、選挙費用が減り、資金力ではなく政策対決の選挙になる。イギリスのケースが模範である」という見解を明らかにしている（『朝鮮日報』1996/10/19）。

8) そのほかに中選挙区制は選出された議員の代表性の問題が提起されかねない点などにおいても多少の問題を含んでいる。これに対する詳細な論議は、カン・ウォンテク（2005）を参照。

ある。しかし、1993年総選挙で自民党が野党連合に政権を譲り渡して以降、政治改革の中心として選挙制度改革の必要性は高まった。そして既存の中選挙区制をどのような選挙制度へ改革するかという問題が政治における主要な争点として浮上した。

　かつては選挙制度改革が提起されるたびに、自民党は大政党に有利なイギリス式の単純多数小選挙区制への改革を主張する一方、野党の小政党は政党名簿式比例代表制への改革を主張するなど、妥協点を見出すのが難しかった。しかし自民党が政権を失った後、野党連合は政治改革を要求する世論の高まりを受け、選挙腐敗の防止と二大政党制を通じた責任ある政治の実現という目標を掲げ、自民党との妥協点を模索し始めた。自民党からすれば、1人2票制の場合、候補者投票が単純多数小選挙区で行われるために有利な面があったが、政党投票は比例代表的方式で議席が配分されるため多少不利な面も存在した。また候補者投票での単純多数小選挙区制の導入は党内の派閥の影響力を弱め、現役議員の再当選をより不確実にさせる点で反発もあった。同じく野党連合の立場からすれば、1人2票制の場合、候補者投票では不利であったが、政党投票では相対的に有利な面があった。しかしいずれにせよ両陣営とも世論をこれ以上無視できる状況ではなく、さまざまな駆け引きを経て最終的に1994年11月24日、いわゆる政治改革四法の成立を見た。

　以上のように、日本と韓国における1人2票制導入過程は異なる背景をもっていたといえる。韓国の場合、1人2票制の導入は以前の選挙制度の問題を解消する目的で行われたが、その過程で政治的な取引や妥協よりも適切性の論理（logic of appropriateness）が重要であった。一方日本の場合、1人2票制は政治腐敗を排し、責任ある二大政党制を構築することを目的として導入されたが、実際には政治的取引や妥協の産物であった。これは先述したように、同じ選挙制度の改革も、その導入過程においては相違点をもっていることと、1人2票制はその特徴上政治的妥協を見出しやすい特徴をもっている点を示唆しているといえる。

3　1人2票制導入の政治的効果

　さて上のような事情を経て日本と韓国に導入された1人2票制は、どのよ

表 4-1　1人2票制の導入前後の日本と韓国と総選挙結果

韓国				日本			
政党名	2000年	2004年		政党名	1993年	1996年	
		候補者投票	政党投票			候補者投票	政党投票
ハンナラ党	39.0% (48.7%)	37.9% (41.2%)	35.8% (37.5%)	自民党	36.6% (43.6%)	38.6% (56.3%)	35.0% (33.6%)
新千年民主党	35.9% (42.1%)	8.0% (2.1%)	7.1% (7.1%)	社会党	15.4% (13.7%)	2.2% (1.3%)	6.6% (5.5%)
ヨルリン・ウリ党	—	42.0% (53.2%)	38.3% (41.1%)	新進党	10.1% (10.8%)	28.0% (32.0%)	28.8% (30.0%)
自由民主連合	9.8% (6.2%)	2.7% (1.6%)	2.8% (0.0%)	公明党	8.2% (10.1%)	—	—
民国党	3.7% (0.7%)	0.0% (0.0%)	—	日本新党	8.1% (6.8%)	—	—
民主労働党	1.2% (0.0%)	4.3% (0.8%)	13.1% (14.3%)	民社党	3.5% (2.9%)	—	—
青年進歩党	0.7% (0.0%)	—	—	共産党	7.7% (2.9%)	12.6% (0.7%)	13.4% (12.0%)
その他/無所属	9.7% (2.3%)	5.1% (1.1%)	2.9% (0.0%)	さきがけ	2.7% (2.5%)	1.3% (0.7%)	1.1% (0.0%)
				社民連	0.8% (0.8%)	—	—
				民主党	—	10.1% (5.7%)	16.5% (17.5%)
				民改連	—	0.3% (0.3%)	0.0% (0.0%)
				無所属	6.9% (5.9%)	4.4% (3.0%)	—

(註) 括弧内の数値は議席率を表す。
＊％は小数点以下を四捨五入している。

うな変化を選挙結果にもたらしたのであろうか。**表 4-1** は、日本と韓国で1人2票制の導入を前後して実施された総選挙の結果を示したものである。新たに導入された1人2票制が日本政治と韓国政治に与えた影響については、今後より詳細に検証されるであろうが、大きく総選挙の結果を見れば、1人

2票制下で日本と韓国の大政党は候補者投票において、そして小政党は政党投票において相対的に利益を得ているという特徴が現れたことを確認できる。

このような特徴が現れた理由はすでに理論的検討で指摘したように、候補者投票では戦略投票を行う有権者のおかげで大政党が一貫して優位な立場を維持することができる一方、政党投票においては相対的に小政党の支持者が以前とは違って死票の問題をあまり考えることなく誠実な投票をする可能性が高いということが関係している。具体的に韓国の場合、何よりも急進勢力であった民主労働党が政党投票でめざましい成果を収めた点が注目される。1人2票制が導入されるまで、民主労働党は潜在的な支持者が多数存在していたにもかかわらず、地域主義を基盤とした政党制が強固に確立されていたため、選挙でこれを効果的に動員することができなかった。なぜなら1人1票単純多数小選挙区制で実施される選挙制度下で有権者が民主労働党の候補に投票することは、自分の票が死票になることを覚悟する必要があり、合理的な有権者がそれを知っていながら支持する政党の候補に投票することは期待できない。何よりも個人的には最善の選択が集団的には最悪の結果を招きかねない点で、旧制度下では民主労働党を支持する有権者は最善ではなく、次善の候補者に投票するという戦略的投票行動をとった可能性が高かったのである[9]。

しかし、1人2票制が導入されることにより、民主労働党を支持する有権者は少なくとも比例代表的な方式で議席が配分される政党投票では戦略投票をする必要がなくなり、正直な選好を表明できる機会を得るようになった。そしてその結果2004年総選挙で民主労働党は候補者投票（地域区選挙）では、たった2議席を得るにとどまったものの、政党投票では計10議席を獲得し、

---

9) 民主労働党の場合、その急進性のためイデオロギー的に進歩的な有権者に支持される傾向がある。ここで問題は、進歩的な有権者が自身の選好のとおり小政党である民主労働党を支持する場合、逆説的に、イデオロギー的には反対側に立っている保守的な大政党であるハンナラ党の当選可能性を高める効果があるということである。それゆえ、民主労働党を支持するかなりの有権者は、次善の選択として進歩的な大政党であるヨルリン・ウリ党に戦略的に投票する可能性が高い。

表 4-2　1 人 2 票制導入以降の韓国における政党の議席数の変化

政党名	2004 年		2008 年		2012 年	
	候補者投票	政党投票	候補者投票	政党投票	候補者投票	政党投票
ハンナラ党	100	21	131	22	—	—
新千年民主党	5	4	—	—	—	—
ヨルリン・ウリ党	129	23	—	—	—	—
自由民主連合	4	0	—	—	—	—
民主労働党	2	8	2	4	—	—
統合民主党	—	—	66	15	—	—
自由先進党	—	—	14	4	3	2
親朴連帯	—	—	6	8	—	—
創造韓国党	—	—	1	2	—	—
セヌリ党	—	—	—	—	127	25
民主統合党	—	—	—	—	106	21
統合進歩党	—	—	—	—	7	6
その他／無所属	3	0	0	0	3	0

第三党の位置を占めることができたのである。それゆえ韓国においては、1人2票制の導入は当初選挙制度の改革の目的にしていた比例性を高めるという政治的目標を一定のレベルで達成するのに寄与したと評価できる。

このような韓国における1人2票制導入の効果は、2004年以降総選挙でも一定レベルで持続した。表 4-2 は、韓国で1人2票制の導入以降実施された総選挙の選挙結果を整理したものである。この表によると、2004年総選挙では盧武鉉大統領弾劾政局が支配的な状況下で実施された点、2008年総選挙では李明博政権の発足直後実施された点、そして2012年総選挙では18代大統領選挙を控えて実施された点で二大政党に関心が集中し、これらの党に票が集中される傾向があったにもかかわらず、小政党は政党投票を通じて存在感を示したことがわかる。言い換えれば、2004年から2012年まで実施された韓国の総選挙において、状況が小政党に絶対的に不利であったにもか

表 4-3　1人2票制導入以降の日本における政党の議席数の変化

政党名	1996年 候補者投票	1996年 政党投票	2000年 候補者投票	2000年 政党投票	2003年 候補者投票	2003年 政党投票	2005年 候補者投票	2005年 政党投票	2009年 候補者投票	2009年 政党投票
自民党	169	70	183	56	168	69	219	77	64	55
社会党	4	11	—	—	—	—	—	—		
新進党	96	60	—	—	—	—	—	—		
公明党	—	—	5	24	9	25	8	23	0	21
日本新党										
国民新党	—	—	—	—	—	—	2	2	3	0
共産党	2	24	0	20	0	9	0	9	0	9
さきがけ	2	0	—	—	—	—	—	—		
社民連	—	—	4	15	1	5	1	6	3	4
民主党	17	35	82	47	105	72	52	61	221	87
民改連	1	0								
自由党	—	—	1	18	—	—				
新党日本	—	—	—	—	—	—	0	1	1	0
みんなの党	—	—	—	—	—	—	—	—	2	3
新党大地	—	—	—	—	—	—	0	1		1
無所属	9	—	25	—	17	—	18	—	6	—

かわらず、1人2票制導入の効果により小政党は議席を確保することができたのである。

　一方、日本の場合、1人2票制の導入直後に実施された1996年総選挙では社会党が議席を減らしたが、共産党と新進党は躍進した。そして初めて総選挙に臨んだ民主党がかなりの成果をあげた。また自民党は過半数の議席を確保できなかったとはいえ、過半数に近い議席を確保した。全体的に見れば、1人2票制導入以降、既存の多党制的伝統がある程度崩壊したことも確認できる。**表 4-3** は、日本が1996年1人2票制を導入して以来、2009年の総選挙まで各政党の議席がどのように変化したのかを示したものである。この表

表 4-4　1人2票制導入前後の日本と韓国の選挙制度の比例性

韓国			日本		
2000 年	2004 年		1993 年	1996 年	
	候補者投票	政党投票		候補者投票	政党投票
84.1	85.5	94.3	90.4	79.6	96.4

によると自民党は、1996年には49.8%、2000年には49.8%、2003年には49.4%、2005年には61.7%、2009年には24.8%の議席率を記録しており、2009年の総選挙[10]を除けば、常に議席の半分近くを占めるか、あるいは過半数の議席を確保していることがわかる。そしてそれに対抗する野党第一党の新進党と民主党は、1996年には32.5%、2000年には26.9%、2003年には36.9%、2005年には29.6%、2009年には64.2%の議席をそれぞれ確保するなど二大政党制の重要な1つの軸を形成していたことが確認できる。

こうしたことを考慮すれば、日本の場合、1人2票制導入の当初の目的であった二大政党制確立を通じた責任ある政治の実現を一定程度達成したと評価できる。ただし、1人2票制を導入した後にも、小政党が政党投票での議席確保を目的に持続的に選挙に参加したことにより、既存の多党制的な伝統が維持されているという傾向も見られる。

以上の大まかな傾向をふまえて、ここからはより個別的に1人2票制導入の政治的効果を見てみたい。第1に表4-4は、日本と韓国で1人2票制の導入が政治的代表性を高めるのにどれほど貢献したのかを検証するために、ローズ方式（Rose 1984）で選挙制度の比例性を数値化したものである[11]。この表からわかるように、日本と韓国ともに1人2票制が導入される前と比

---

10) 2009年総選挙の場合、長期的景気低迷と自民党のリーダーシップの欠如、そして政治的変化と改革に対する有権者の要求などが爆発した決定的選挙（critical election）であったことから、このような例外的な結果が生まれたと考えられる。

11) ローズ方式は、各政党の得票率と議席率の差の合計を絶対値で算出した後、2で割り、さらに100から引いた数値であり、選挙制度の比例性を表す。それゆえローズ方式で選挙制度の比例性を算出した場合、その数値が100に近ければ近いほど、選挙制度の比例性が高いということを意味する。

表 4-5　1人2票制導入前後の日本と韓国の有効政党数

韓国		日本	
2000 年	2004 年	1993 年	1996 年
2.4	2.3	5.0	2.9

べて、政党投票では選挙制度の比例性が高まった。しかし候補者投票の場合、韓国ではあまり変化はなかったが、日本では選挙制度の比例性が大きく損なわれた[12]。すなわち、韓国の場合1人2票制の導入は政治的代表性の上昇に一定程度寄与したものの、日本の場合、逆に政治的代表性を低下させるという結果を招いたのである。

このような違いが現れたのは、先にも検討したとおり日本と韓国が1人2票制を導入する以前に採用していた選挙制度が異なっていたからである。すなわち、韓国の場合1人2票制が導入される前には選挙制度の比例性が低い1人1票単純多数小選挙区制を基本とする多数代表的選挙制度を採用していた。一方日本の場合、1人2票制を導入する以前採用していた単記非移譲式中選挙区制は、複数の選挙区定数をもつという意味で選挙制度論的には比例代表制の一種であり、すでに比例性が相当高いという特徴をもっていた。それゆえ、日本の場合1人2票制の導入は、とりわけ候補者投票での比例性を低下させ、全体としても政治的代表性を低下させたと考えられる。

第2に表4-5は、日本と韓国で1人2票制の導入が政党制にいかなる影響を与えたのか検証するために、Laakso and Taagepera（1979）が提案した有効政党数（議席率基準）[13]を算出したものである。この表からわかるとおり、韓国の場合1人2票制の導入による有効政党数に大きな差異は見られない。

---

12) このような特徴は、その後の選挙でも見られた。具体的に韓国の場合、選挙制度の比例性は2008年総選挙では候補者投票88.0に対して政党投票91.2、2012年総選挙では候補者投票86.4に対して政党投票92.8であった。一方、日本の場合、選挙制度の比例性は2000年総選挙では候補者投票81.6に対して政党投票95.9、2003年総選挙では候補者投票86.2に対して政党投票94.0、2005年総選挙では候補者投票72.1に対して政党投票92.5、2009年総選挙では候補者投票73.7に対して政党投票90.0であった。

これは、1人2票制が初めて導入された2004年の総選挙は盧武鉉大統領の弾劾案が国会で可決された直後という特殊な状況下で実施されたため、有権者の票がウリ党に集中した結果ともいえる[14]。しかし、それ以降実施された2008年総選挙と2012年総選挙でも韓国の有効政党数は、それぞれ2.9と2.3を記録した。すなわち、2004年の総選挙における民主労働党の躍進、その後大統領選挙などを控えて行われた政党の分化などを考慮すれば、1人2票制の導入以降、有効政党数が増加する蓋然性は十分あったが、実際の選挙結果では、それほど目立った変化は現れなかったのである。これは1987年民主化以降形成された、嶺南地域と湖南地域間の地域主義が依然として強く残っており、そのため二大地域政党制が大きな存在感を示していること、そして有権者が直接1人の大統領を選ぶ大統領選挙を採用しているため、二大政党中心に有権者の票が分かれてしまうことなどが作用した結果であると思われる。

　一方、日本の場合、1人2票制の導入により有効政党数が5.0から2.9へと急激に減少した。これは既存の中選挙区制がかなりの程度比例性を保証する選挙制度であったためもともと有効政党数が多かったものが、多数代表的な特徴をもつ小選挙区制による候補者投票の導入により比例性が損なわれた結果であると思われる。すなわち、前述したように、1人2票制の導入にもかかわらず、多党制的伝統が一定のレベルまで維持された側面があるとはいえ、小選挙区制による候補者投票が導入されたうえ、その議席比率が高かった（62.5％）ことから、実質的には議席数を基準とした有効政党数は以前より減少したのである。日本の有効政党数はその後、2000年総選挙で3.0、2003年の総選挙で2.6、2005年の総選挙で2.3、2009年の総選挙で2.1と、回を重ねるごとに減少するという傾向にあった。これらは、1人2票制を導

---

13) 具体的に有効政党数（N）は i 番目政党の議席率、または得票率を P_i と仮定するとき、$N=(\Sigma P_i^2)^{-1}$ で算出される。

14) 実際に韓国の2004年総選挙の場合、弾劾という争点により、当初劣勢であったヨルリン・ウリ党が過半数の議席を占め、弾劾を主導した既存政党が大きな損害を被る展開となった。これによって民主化以降、与党が初めて議会の過半数の議席を占め、単独政権を樹立することとなった。

表 4-6　1人2票制導入前後の日本と韓国の投票率

韓国		日本	
2000 年	2004 年	1993 年	1996 年
57.2%	60.6%	67.0%	59.7%

入する際に目的としていた二大政党制構築を通じた責任ある政治の実現がある程度は達成されたことを示唆している。

　第3に**表4-6**は、1人2票制の導入が有権者の政治参加にどのような影響を与えたのかを検証するために、1人2票制導入前後の日韓の投票率の変化を示したものである。まず、韓国の場合、1人2票制の導入で投票率は小幅ながら上昇したようである。これは民主化以降、継続的に投票率が低下し、民主化以降の民主主義の危機（チェ・ジャンジブ 2004）が憂慮されていた中で起こったことであり、驚きをもって受け止められた。しかし、2004年の総選挙は前述したとおり、弾劾政局の中で実施されたということから、投票率の上昇が1人2票制の効果なのか、弾劾の影響なのかを評価することは容易ではない。そのうえ、2008年と2012年に実施された総選挙の場合、投票率がそれぞれ46.1%と54.2%を記録するなど、1人2票制の導入以前より低くなった。したがって、韓国で1人2票制の導入が政治参加に正の影響を及ぼしたと断言することは難しく、今後この点についてより厳密な経験的分析が求められるであろう。

　一方、日本の場合、韓国とは反対に、1人2票制の導入によって投票率の低下が見られた。小泉純一郎首相が郵政民営化を中心とする改革政治を掲げて戦った2005年総選挙、そして自民党に対する不満と政治改革に対する要求が爆発した2009年の総選挙においては、それぞれ67.5%と69.3%の投票率を記録し1人2票制の導入以前とほぼ同じ投票率となったものの、2000年総選挙と2003年総選挙の投票率はそれぞれ60.6%と59.9%であった。これは、中選挙区制から小選挙区制へ移行したことによって、自分が支持する政党の候補者が勝てる見込みが小さくなった有権者の投票参加の動機が低下したことによるものかもしれない。また政治的な妥協の結果、重複立候補制度と惜敗率制度が導入されたことにより、金権選挙の弊害を克服し、政治

表4-7 1人2票制導入後の日本と韓国の有権者の一貫投票と分割投票

韓国−2004年		日本−1996年	
一貫投票	分割投票	一貫投票	分割投票
79.2%	20.8%	69.6%	30.1%

(データ出所) 韓国社会科学データセンター2004；CSES 1996 日本選挙調査

的信頼[15]を高めることができず（Kohno 1997）、有権者の政治参加の意欲が選挙制度改革によってそれほど高まらなかったこともその一因として挙げられるであろう。

第4に表4-7は、1人2票制の導入が有権者の投票決定にどのような影響を与えたのかを検証するために、候補者投票と政党投票で一貫投票および分割投票を行った有権者の割合を示したものである。まず韓国の場合、候補者投票と政党投票で同一政党に一貫して投票した有権者の割合と、候補者投票と政党投票を異なる政党に分割して投票した有権者の割合はそれぞれ79.2%と20.8%であった。とりわけ、2004年総選挙で民主労働党を支持する多くの有権者は分割投票をしていたことがわかる。ウリ党支持者の87.8%、ハンナラ党支持者の91.1%、新千年民主党支持者の70.4%、自由民主連合支持者の71.4%が一貫した投票をした一方、民主労働党支持者の29.2%しか一貫した投票を行っていない。これは既存の主要な政党が特定の地域を基盤にした政党であったことから、それらの政党に対する支持者の忠誠心が相対的に高く、彼らが分割投票をする可能性が低かったことを示唆する。また、民主労働党支持者の43.1%はイデオロギー的に近い大政党であるウリ党に分割投票を行っていたが、これは候補者投票では地域政党ではなく、イデオロギー的に近いウリ党の候補者に戦略投票した可能性が相対的に高かったことを示唆する。

一方、日本の場合、候補者投票と政党投票で同一政党に一貫して投票した

---

[15] 1996年総選挙当時の世論調査では、回答者の82.0%が「投票をしても政治状況は変わらないだろう」と答えたほど、有権者の間で政治不信が高まっていた（キム・セゴル 1999：86）。

有権者の割合と、候補者投票と政党投票で異なる政党に分割して投票した有権者の割合はそれぞれ 69.6% と 30.1% となっており、韓国よりも分割投票をした有権者が多かった。これは日本の政党制がより多元的で、日本の有権者は韓国の有権者に比べ、相対的にさまざまな選択ができる状況であったからだと思われる。ただし韓国の場合、主に民主労働党支持者に分割投票を多く行う傾向が見られたが、日本の場合、イデオロギー的アイデンティティが弱い小政党を支持する有権者が分割投票を行う傾向が強く、その大多数が自民党に分割投票するという傾向を示した。具体的に、大政党である自民党支持者の 84.4%、そして新進党支持者の 75.3% が一貫投票を行った一方で、イデオロギー的アイデンティティが強い共産党の場合、小政党であるにもかかわらず、72.3% もの支持者が一貫投票を行った。一方、民主党支持者や社会党支持者はそれぞれ 35.3% および 29.3% しか一貫投票を行わなかった。

　最後に、1人2票制の導入が金権選挙を減少させる効果をもったのかという点について検証してみよう。日本、韓国ともに金権選挙は大きな問題であった。しかし韓国の場合、1人2票制はそもそも政治的代表性を高める目的で採用されており、カネのかかる選挙を防止する取り組みとしては、厳格な政治関係法を制定することで対処しようとしていた。具体的に韓国は 2004 年の総選挙を控え、党員行事に対する一切の便宜供与の禁止、政党の演説会の廃止、地区党事務局の廃止、選挙違反に対する 50 倍の罰金と補償金制度の実施、有給選挙運動員の数および活動制限、政治資金収入の内訳および寄付者名簿の公開、法人（企業）および団体の政治資金供与の完全禁止、政治献金限度額の引き下げ、政治資金法違反者に対する欠席裁判および厳罰化などを規定した画期的な政治関係法の改定を行った。そして、このような政治関係法の改定により、2004 年の総選挙は過去のどんな選挙よりカネを使わない、きれいな選挙文化を定着させるのに大きく寄与したという評価を受けた（イ・ヒョンチュル 2005；ペク・チャンジェ 2004；延世大学校東西問題研究院・西江大学国際地域研究所 2004；イム・ソンハク 2004）。

　一方日本の場合、前述したように1人2票制導入の主要な目的は、中選挙区制下で候補者中心に展開された選挙を政党中心のものへと変化させ、金権選挙を防止することであった。しかし、実質的に日本における1人2票制の

導入が期待された効果を発揮するには多くの限界があった。その一因として、小選挙区の候補者に比例区での重複立候補が認められ、小選挙区の惜敗率が比例区復活当選を狙ううえで重要となる制度の存在がある（Reed and Thies 2001b；Seligmann 1997；コ・ソンギュ 2002；キム・セゴル 1999）。すなわち、小選挙区が導入されることによって当選が危ぶまれるようになった現職の議員は、重複立候補を利用することで少しでも議席確保の可能性を高めようとし、さらには小選挙区の惜敗率を少しでも高めるべく中選挙区制と同じくカネがかかる選挙を継続するしかない状況にあったのである。さらに、最も多く票を得た1人だけが当選し、2位以下はすべて落選するという小選挙区では、従来どおり選挙戦が過熱し、金権選挙、人物選挙、個別利益誘導が再現される可能性も高かった。実際、1996年総選挙以降、候補者は以前の選挙より多額の支出を行ったとの指摘もある[16]。さらに日本の場合、政治資金制度の改革が行われたにもかかわらず、政治家の資金管理団体に対する企業献金が許されている点、特定政治家を指定して政党に寄付する条件付き献金が可能である点、候補者中心の選挙運動と後援会組織が維持されている点などにより、金権選挙の問題を根本的に解決できなかった面がある（カン・テフン 2003；パク・チョルヒ 2003；キム・ホソプ 1996）。

4　小括

以上、日本と韓国で1996年と2004年に行われた選挙制度改革の背景とその目的、そして政治的効果を1人2票制導入の問題を中心に見てきた。日本と韓国ともに、政界に対する国民の不信の非常な高まりの中で選挙制度改革に対する要求が提起された点、そして既存の選挙制度の画期的な改革が行われず一定の限界が常に存在するという経路依存的特徴をもっていたなどの共通点があった。しかし、日本と韓国は選挙制度改革の一環として同じく1人

---

[16] 1996年総選挙の場合、法定選挙費用は最高2,794万円であったが、候補者は平均して1〜3億円を支出したと推定された。実際に毎日新聞社が1996年総選挙以降行った候補者アンケートでは「過去より選挙費用が二倍以上かかった」という回答もあった（『朝鮮日報』1996/10/19）。

2票制を導入したとはいえ、具体的な内容を比較してみれば、その目的と内容、そして過程と効果において、さまざまな相違を確認することができた。

　まず、両国の間には1人2票制を導入した目的において相違があった。韓国の場合、旧来の1人1票制が候補者に対する投票をあたかも政党に対する投票であるかのようにみなして全国区比例代表議席を配分する方式が違憲であるとの訴えを司法が認めることで1人2票制が導入された。すなわち、韓国においては1人2票制の導入は政治的な妥協と取引なしに、選挙制度の比例性を高める目的で行われたのである。一方日本の場合、従来の中選挙区制が候補者中心の金権選挙を助長するとの批判を受け、二大政党制の確立を通じた政党中心の責任ある政治とカネを使わない選挙を促進するために1人2票制の導入が議論された。そしてさまざまな政党の利害関係を考慮したうえで、ある種の政治的妥協の結果、それが採用された。

　日本と韓国で1人2票制が導入されて以降、多くの選挙が行われていなかった点を考慮すれば、1人2票制導入の効果について現段階で断定的な結論を出すことは難しく、今後もさらなる分析が必要である。しかし本研究の結果から大きく見れば、まず韓国の場合1人2票制の導入が選挙制度の比例性を高めるにおいて一定の寄与をしたと十分認めることができる。しかし、それが投票参加を高めたり、政党制を多元化させたりしたかという点については明確ではない。一方、日本の場合、1人2票制導入以前に採用していた中選挙区制が相対的に比例性の高い選挙制度であったことから、選挙制度の比例性や有権者の投票参加を高める効果は見られなかったといえる。しかし、1人2票制導入以降、有効政党数が大幅に減ったという点では、当初目的としていた二大政党制確立に向けて選挙制度が寄与した可能性があることを示しており、一定の意味をもっていると考えられる。

II　選挙制度と「敗者の同意」

　ここまで前半の分析では、日本と韓国の選挙制度の類似点に着目しつつ、改革前の選挙制度や政党制のあり方、政治的な事情により同じ選挙制度が異なる帰結をもたらしうることを示した。ここから後半の分析では、日本と韓

国の選挙制度の相違点に着目しつつ、選挙制度の微妙な差異により有権者の政治意識に異なる帰結をもたらすということを示す。ここでとりわけ注目するのが、「敗者の同意」(loser's consent) という概念である。政治的競争において勝者と敗者が発生することは必然であるが、政治体制の安定性はこの敗者の同意にかかっている。例えば、有権者が選挙で負けた側に投票していたとしても、それらの有権者が、全体として選挙は公正に行われており選挙結果は人々の声を適切に反映していると感じるならば、政治体制は安定するだろう。これらをふまえて、後半の分析では異なる特徴をもつ日本と韓国の選挙区および比例代表で敗者の側に回った有権者と、勝者の側に回った有権者とでは政治的有効性感覚にどのような違いが現れるのか検証する。

　ここでの主張は、以下のようなものである。理論的に、小選挙区制より大選挙区制の方が、また比例代表制の中でも拘束名簿方式よりも非拘束名簿方式の方が民意の代表性が高いとされる。しかし、民意の代表性に対する有権者の高い期待のため、実はかえって後者において敗者の側に回った有権者はより大きな無力感を感じるであろう。

1　選挙結果と民主主義の安定性

　選挙における「勝者」は「敗者」よりも民主主義を支持する傾向にある (Anderson et al. 2005)。このことは民主主義の存続において重要な意味をもつ。すなわち、民主主義が長期にわたって存続できるかどうかは、その制度下で「敗者」となった者がその結果に同意しそれをどれだけ納得して受け入れることができるかどうか、ということにかかっている。例えば選挙で敗北した陣営がその結果を不服とし、体制の枠組みの外で暴力的な反体制運動を行うことになれば、その政治体制の存続はきわめて危うくなる。現に、選挙で負けた権力者がその結果を受け入れず、武力を背景に権力の座に居座り続けることによって政情不安を招くということはこれまでしばしば観察されており、現職が負けた選挙の後、政権移行が行われるまでの期間は研究者の名にちなんで "Pzerworski moment" と呼ばれ、民主主義の定着の度合いを示す1つの試金石となっている (Pzerworski 1991)。

　では、どのようなときに敗者が納得してその結果を受け入れるのか。何が

敗者の同意をもたらすのか。Weingast（2005）によれば、その結果を受け入れたところで、被害が大きすぎない場合にのみ敗者はその結果を受け入れ、暴力的な反体制運動を行わないという。例えば、選挙で負けることによって命まで奪われるなら、敗者は絶対にその結果を受け入れず、あらゆる手段を用いて必死の抵抗を行うであろう（このメカニズムを Weingast は "rationality of fear" と呼ぶ）。一方、一時的には損害を受けても、その損害は限定的でありまた次のチャンスがあると期待できれば結果に同意し、それを受け入れるであろう。すなわち、負けの範囲が明確でかつ制限され、「敗者復活」が期待できる制度であるかどうかがカギである。Weingast はこのような特徴を備えた制度を「自己拘束的」（"self-enforcing"）な制度と呼び、何があっても奪われることがない国民の権利を明記したアメリカ合衆国憲法体制をそのような制度の例として示した[17]。

また敗者の同意を促進する制度としては、多数代表型民主主義（majoritarian democracy）よりも合意型民主主義（consensus democracy）の方が優れているといわれてきた。例えば国際比較を通じて、Anderson and Guillory（1997）は、二大政党制、小選挙区制によって特徴づけられる多数代表型民主主義において、多党制、比例代表制によって特徴づけられる合意型民主主義よりも勝者と敗者の民主主義への支持の差は大きくなるということを示した。それは、比例代表の方が「死票」が少なく、少数意見も議会に反映されやすいので、選挙で負けた側にも政策への一定の影響力が期待できるからである。

以上のように従来の研究では、政治制度の敗者の同意に対する影響が議論されてきた。これらの研究において制度とは、憲法体制であったり選挙制度であったり、比較的大きな制度を意味していた。しかし各制度の内部にはより細かな運用上の違いが存在する。例えば、選挙区制における議席の数や、比例代表制における名簿方式である。ここではこれまで先行研究で検証されてこなかった、同じ選挙制度内のより小さな違いが敗者の同意に対して与える影響を日本と韓国の選挙制度の比較を通じて検証する。次項では、こうし

---

[17] 浅羽（2008）では、韓国においても憲法が敗者の同意をとりつけるうえで重要な役割を果たしているということが指摘されている。

た同じ制度内のより小さな違いと敗者の同意との因果関係について理論的に検討し、通説とは異なる仮説を導く。

2　理論と仮説

　先行研究においては、敗者の意見が反映される可能性が高いがゆえ、小選挙区制によって特徴づけられる多数代表型民主主義よりも比例代表制によって特徴づけられる合意型民主主義の方が、敗者の同意をとりつけやすくなると主張された。しかし、これとは逆の影響も存在しうる。すなわち、本来自分の意見が反映される可能性が高い制度ほど、実際にはそれが叶わなかった際にはより大きな無力感が有権者にもたらされるということである。言い換えれば、意見が代表されることへの期待が高ければ高いほど、それが叶わなかったときの失望が大きくなる。

　選挙制度の敗者の同意に対するこうした正と負の2つの影響のメカニズムを考慮したとき、多数代表型／合意型の制度間の違いにおいては、前者のメカニズム、すなわち敗者の意見が反映される可能性が高い制度ほど敗者の同意が得られやすいという関係がより顕著に見られると考えられる。なぜなら、小選挙区では最悪の場合、自分の投票した政党が議席0になることをも現実的な考慮に入れなければならないため、仮に本当に0であっても「期待が裏切られた」ことにはならない一方、比例代表制の場合、選挙前の情勢からある程度獲得議席の予測ができるため同じく「期待が裏切られる」ことが少ないと考えられるからである。したがって、先行研究で見られるように敗者が得られる議席の数、すなわち影響力がより多い比例代表制を採用する政治体制において、小選挙区制を採用する政治体制よりも敗者の同意がより促されることになる。

　では後者のメカニズム、すなわち期待が裏切られたことによって無力感を感じ、敗者の同意が損なわれるということが見られるのはどのような場合か。それは多数代表型／合意型の制度間の違いではなく、それぞれの制度内で違いがある場合である。すなわち選挙区制内部および比例代表制内部での有権者の意見の代表性の違いが、敗者の同意に対して影響を与える。まず、選挙区において最も得票数の多い1人しか選出されない小選挙区（single-member districts）よりも、票数に応じて2人以上が選出される大選挙区（multi-member districts）の方が、自分の意見が代表される可能性が高いと期待される分、それが叶わなかったときの失望が大きくなるであろう。

　また、比例代表において拘束名簿よりも非拘束名簿の方が、「誰が当選するか」という意味において自分の意見が代表される可能性が高いと期待される分、それが叶わなかったときの失望が大きくなる。これらの差は同じ選挙制度内での差であるため、前者のメカニズムすなわち「意見が代表される可能性が高いがゆえ、敗者の同意が促進される」というメカニズムはあまり機能しないと考えられる。例えば、小選挙区と大選挙区との違いの場合、小選挙区と比例区ほど支持政党の当選者数における違いは大きくならないし、比例代表の拘束名簿方式と非拘束名簿方式との違いの場合、当選者数における違いはまったくない。以上のような理論的検討から次の2つの命題が導かれる。

命題1：小選挙区において敗者の側に回った有権者よりも、大選挙区において敗者の側に回った有権者の方が、政治的有効性感覚が低い。

命題2：拘束名簿方式の比例代表において敗者の側に回った有権者よりも、非拘束名簿方式の比例代表において敗者の側に回った有権者の方が、政治的有効性感覚が低い。

　これらを仮説として経験的に検証するために、日本と韓国とを比較する。日本と韓国とを比較することの意義は2つある。第1に敗者の同意には、アフリカ、東アジアなど地域による違いがあるが（Cho and Bratton 2006；Moehler 2009；Jou 2009）、日韓両国はともに東アジアに属しているためこうした地域差を考慮する必要がない。第2に、日韓の参議院選挙と総選挙における選挙制度は、選挙区と比例代表にそれぞれ1票を投じるという意味で同じであるが、選挙区の定数および比例代表の名簿方式において違いがあり、上記の理論的な命題を検証するのに適している。

　表4-8はそれぞれ2004年に行われた日本の第20回参議院議員選挙と、韓

表 4-8　日韓の選挙制度の違い

	日本の第20回参議院議員選挙（2004年）	韓国の第17代総選挙（2004年）
選挙区		
改選数 各選挙区定数 単記／複記	73 1人：27, 2人：15, 3人：4, 4人：1 単記投票	243 1人：243 単記投票
比例代表		
改選数 名簿方式	48 非拘束	56 拘束

国の第17代総選挙との特徴を比較したものである。いずれの制度でも有権者は1人2票をもち、それぞれ選挙区と比例代表に票を投じるし、選挙区の結果と比例区の結果とは連動しないという点で両国は共通している。まず選挙区について見てみると、日本の参議院議員選挙の場合、1人区と複数区とが混在し、改選数73のうち27が1人区、15が2人区、4が3人区、1が4人区となっている。一方で韓国の選挙区は改選数243のすべてが定数1の小選挙区で選ばれている。また日韓両国とも1人の候補者に票を投じる単記投票である。比例区について見てみると、日本の比例代表は、政党名のほか、候補者個人名でも投票でき、それが候補者の名簿の順位に影響を与える非拘束名簿方式であるのに対し、韓国の比例代表は政党名でのみ投票し、予め政党によって決められた名簿の順番に従って当選者が決まる拘束名簿方式である。さらに、2004年の場合、日本は参議院議員選挙、韓国は大統領選挙を伴わない議会選挙であるという意味で、ともに二次的選挙（second-order election）である。

これらの特徴にもとづいて、先の命題から仮説を導くと次のようになる。

仮説1：すべての議員が1人区から選ばれる韓国の選挙区において敗者の側に回った有権者よりも、過半数の議員が複数区から選ばれる日本の選挙区において敗者の側に回った有権者の方が、政治的有効性感覚が低い。

仮説 2 ：拘束名簿方式の韓国の比例代表において敗者の側に回った有権者よりも、非拘束名簿方式の日本の比例代表において敗者の側に回った有権者の方が、政治的有効性感覚が低い。

次項ではこの仮説を検証するためのリサーチデザインを提示する。

3　リサーチデザイン

　上の仮説を検証するべく、CSES（Comparative Study of Electoral Systems）[18]の Module 2（2001-2006）のデータを分析する。このデータセットは 2001 年から 2006 年の間に行われた 38 カ国 40 の選挙におけるサーベイデータを含むものであり、その中から今回は日本と韓国のサンプルを用いる。

　まず独立変数の尺度として 4 つのダミー変数を作成する。1 つは日本の参議院議員選挙の選挙区で敗者の側に回った有権者を 1、それ以外を 0 とコードしたものである。2004 年の参議院議員選挙においては民主党が議席を改選前から 12、公明党が 1、それぞれ増やしたのでこれらの党以外に投票した有権者を敗者の側に回った有権者とする[19]。2 つめは、韓国の総選挙の選挙区で敗者の側に回った有権者を 1、それ以外を 0 とコードしたものである。2004 年の総選挙においてはそれまで第三党であったウリ党が得票率 1 位、議席率で過半数を占めたので、ウリ党以外に投票した有権者を敗者の側に回った有権者とする。3 つめ、4 つめも同様に、日本あるいは韓国の比例区で敗者の側に回った有権者を 1、それ以外を 0 とコードしたものである。

　次に従属変数である政治的有効性感覚の尺度として、「人々が誰に投票するかで結果は変わる」という主張と、「人々が誰に投票するかで結果は変わらない」という主張とに同意する程度を、それぞれの主張を両端にした 1 から 5 までの尺度のどこに回答者がみずからを位置づけるかによって測定した

---

18) http://www.cses.org/
19) より厳密にはそれぞれの選挙区での勝者を確認し、有権者が投票した政党の候補者が勝ったかどうかを調べるべきであるが、データからはそれは不可能である。

ものを用いる[20]。数字が大きくなるにつれて、「人々が誰に投票するかで結果は変わらない」という主張ではなく、「人々が誰に投票するかで結果は変わる」という主張に同意するということを意味しており、3の値はちょうどその中間である。この尺度で4あるいは5と答えた政治的有効性感覚の高いグループの割合は、日本人サンプルで50.8％、韓国人サンプルで61.9％であり、その差約11％は1％水準で統計的に有意である。これは分析においては、日本人と韓国人とのそもそもの違いを考慮に入れる必要性を示唆する。

　独立変数（選挙での敗北）の従属変数（政治的有効性感覚）に対する因果効果を正しく推定するためには、統計的コントロールが必要である。コントロール変数としてモデルに投入すべきは、理論的に独立変数と従属変数の両方に影響を及ぼしていると考えられる変数であり、関心の対象となる独立変数と従属変数の因果関係に先行する変数や、その間に位置すると考えられる変数は回帰式に含めるべきではない（King et al. 1994）。ここではコントロール変数として、与党支持ダミー、野党支持ダミー、日本ダミーを含める。与党支持ダミー、野党支持ダミーはそれぞれ選挙後に与党あるいは野党になった政党に「親近感を感じる」（close to）とした有権者を1、それ以外を0とコードしたものである。また日本ダミーは、日本のサンプルを1、韓国のサンプルを0とコードしたものであり、日韓の有権者の違いを説明することが期待される。これら以外に、慣例に従い、年齢（年齢をそのまま数値化）、性別ダミー（1：男性、0：女性）、大卒ダミー（1：大卒以上、0：それ以外）などの個人属性変数をモデルに含める。

　従属変数は順序を伴うカテゴリカルな変数なので、モデルの推定には順序ロジットを用いる。2つの仮説を検証するために、それぞれに対応した2つのモデルを推定する。最初のモデルでは独立変数として「日本の選挙区で敗

---

[20] この質問文の英語の原文は次のとおり。

　Q10. Some people say that no matter who people vote for, it won't make any difference to what happens. Others say that who people vote for can make a difference to what happens. Using the scale on this card (where ONE means that voting won't make a difference to what happens and FIVE means that voting can make a difference), where would you place yourself?

表 4-9　記述統計

変数	ケース数	平均値	標準偏差	最小値	最大値
政治的有効性感覚	3,354	3.501	1.218	1	5
日本の選挙区で敗者側	2,730	0.322	0.467	0	1
韓国の選挙区で敗者側	2,811	0.197	0.398	0	1
日本の比例代表で敗者側	2,741	0.246	0.431	0	1
韓国の比例代表で敗者側	2,791	0.212	0.409	0	1
与党支持	2,991	0.262	0.440	0	1
野党支持	2,991	0.254	0.435	0	1
日本ダミー	3,477	0.569	0.495	0	1
年齢	3,477	47.823	16.597	20	99
性別：男性	3,477	0.491	0.500	0	1
大卒	3,419	0.240	0.427	0	1

者側」、「韓国の選挙区で敗者側」の2つのダミー変数を投入する（ベースカテゴリは国を問わず「選挙区での勝者側」）。2つめのモデルでは独立変数として「日本の比例代表で敗者側」、「韓国の比例代表で敗者側」の2つのダミー変数を投入する（ベースカテゴリは国を問わず「比例代表での勝者側」）。当然のことながら、分析に含められるサンプルは日韓両国とも選挙で投票したと答えた回答者だけである。モデルに含めた変数の記述統計は**表4-9**のとおりである。

4　結果

　表4-10は順序ロジットの推定結果を表したものである。まずモデル1について見ると、少なくとも5％水準で統計的に有意な推定値を示しているのは、「日本の選挙区で敗者側」、「与党支持」、「野党支持」、「日本ダミー」であり、そのうち「日本の選挙区で敗者側」と「日本ダミー」が負の値、「与党支持」、「野党支持」が正の値を示している。すなわち、日本の参議院議員選挙区で敗者側に回った有権者は、勝者側に回った有権者と比べて政治的有効性感覚が低い（「人々が誰に投票するかで結果は変わる」との主張に同意する確率が低い）。それに対して、韓国総選挙の選挙区で敗者側に回った有権者は、勝者側に回った有権者と比べて政治的有効性感覚が低いわけではない。また、与党、野党の別を問わず、政党に親近感を感じる有権者ほど政治的有

表4-10 選挙制度の有権者の政治的有効性感覚への影響（順序ロジット分析）

	モデル1		モデル2	
従属変数	政治的有効性感覚		政治的有効性感覚	
	小さい→大きい		小さい→大きい	
独立変数	推定値	標準誤差	推定値	標準誤差
日本の選挙区で敗者側	−0.360**	0.105		
韓国の選挙区で敗者側	0.044	0.133		
日本の比例代表で敗者側			−0.204*	0.103
韓国の比例代表で敗者側			−0.207	0.134
与党支持	0.552**	0.099	0.509**	0.098
野党支持	0.539**	0.098	0.629**	0.098
日本ダミー	−0.756**	0.126	−1.004**	0.123
年齢	0.002	0.003	0.003	0.003
性別（男性）ダミー	0.024	0.078	0.021	0.078
大卒ダミー	0.153	0.094	0.176†	0.093
定数（カットポイント）	−3.117	0.172	−3.193	0.175
	−1.432	0.153	−1.512	0.156
	−0.562	0.150	−0.654	0.153
	0.971	0.151	0.880	0.154
Model statistics				
N	2,275		2,279	
Log-likelihood	−3277.093		−3285.3512	
χ^2	178.5		179.20	

（註）統計的有意水準†：10%　*：5%　**：1%.

効性感覚が高く、先にも確認したように日本人は韓国人と比べてそもそも政治的有効性感覚が低い。

　さらにモデル2について見ると、少なくとも5％水準で統計的に優位な推定値を示しているのは、「日本の比例代表で敗者側」、「与党支持」、「野党支持」、「日本ダミー」であり、そのうち「日本の比例代表で敗者側」と「日本ダミー」が負の値、「与党支持」、「野党支持」が正の値を示している。すなわち、日本の参議院選挙区で敗者側に回った有権者は、勝者側に回った有権者と比べて政治的有効性感覚が低い（「人々が誰に投票するかで結果は変わる」との主張に同意する確率が低い）。ただ、「韓国の比例代表で敗者側」のダミー変数の係数の大きさは−0.207と「日本の比例代表で敗者側」とほぼ同じであり、その推定値のp値もかろうじて10％水準で統計的に有意ではな

いくらいである（$p=.12$）。また「大卒ダミー」の係数の推定値は 10% 水準で統計的に有意であることから、大卒はそうでない有権者と比べて政治的有効性感覚が高い傾向があることがうかがえる。

　以上の結果をより具体的に示すために、一種のシミュレーションを行う。まず図 4-1 は、「日本の選挙区で敗者側」、「韓国の選挙区で敗者側」以外の変数を平均値に固定した状態で、「日本の選挙区で敗者側」および「韓国の選挙区で敗者側」それぞれの状況下で、有権者が高い政治的有効性感覚を示す（質問で、4 あるいは 5 と答える）推定確率を表したものである。これによると、「日本の選挙区で敗者側」に回った有権者は、55.7% の確率で高い政治的有効性感覚をもつ一方、「韓国の選挙区で敗者側」、および「勝者側」に回った有権者はそれぞれ、65.3%、64.3% の確率で高い政治的有効性感覚をもつなど、「日本の選挙区で敗者側」に回ることは高い政治的有効性感覚をもつ確率を、約 10% も下げる効果をもつ。

　さらに図 4-2 は、「日本の比例代表で敗者側」、「韓国の比例代表で敗者側」以外の変数を平均値に固定した状態で、「日本の比例代表で敗者側」および「韓国の比例代表で敗者側」それぞれの状況下で、有権者が高い政治的有効性感覚を示す（質問で、4 あるいは 5 と答える）推定確率を表したものである。これによると「日本の比例代表で敗者側」、「韓国の比例代表で敗者側」、「勝者側」の有権者が政治的有効性感覚をもつ推定確率は、それぞれ 59.1%、59.0%、63.9% となっており、統計的には有意なものの「日本の比例代表で敗者側」に回った有権者と「勝者側」に回った有権者との政治的有効性感覚の違いは 5% ほどにとどまる。このように、比例代表において選挙区よりも勝者と敗者の政治的有効性感覚の差が小さくなるのは、先行研究の知見と一貫している。

5　小括

　以上後半の分析ではこれまで注目されてこなかった、同じ選挙制度内における細かい違いが有権者の政治的有効性感覚にもたらす影響について、日本と韓国を比較することで検証した。先行研究では、小選挙区に比べて比例区など有権者の意見が選挙結果により反映されやすい制度ほど敗者の同意を促

図4-1 選挙制度の違いによる「敗者」の政治的有効性感覚の違い（選挙区）
（縦軸の数値は「誰に投票するかで結果が変わる」と答える確率）

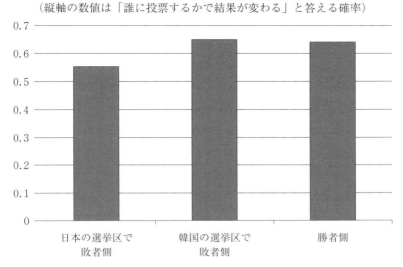

図4-2 選挙制度の違いによる「敗者」の政治的有効性感覚の違い（比例代表）
（縦軸の数値は「誰に投票するかで結果が変わる」と答える確率）

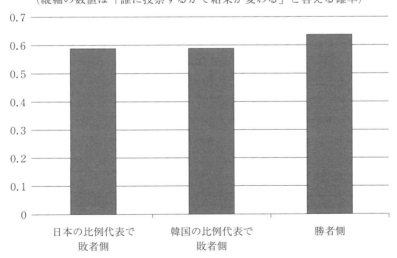

す、すなわち敗者の政治的有効性感覚を高めるとされてきたが、選挙区の定数や比例代表の名簿方式など同一選挙制度内のより細かい違いの場合、反対に有権者の意見がより選挙結果に反映されにくい特徴をもつ制度（定数1の選挙区や拘束式名簿方式）ほど、敗者の同意を促すことが明らかになった。この結果は、日本と韓国の違いや政党支持の有無の影響を考慮してもなお統計的に少なくとも5％水準で有意なものであった。これは、意見が代表されることへの期待が高いことによってかえってそれが叶わなかったときの失望感が大きくなるということによるものと考えられる。

以上の結果は、敗者の同意の程度を決定するうえで、選挙制度間の違いによって生じる敗者の政策的影響力の大きさの違いという客観的な要因のみならず、選挙制度内部の違いによって形成された選挙結果についての期待と実際の結果とのギャップという主観的な要因が効いていることを示唆している。これは制度と期待形成という新しいテーマを、敗者の同意についての研究にもちこむという意味で意義をもつと考えられる。

おわりに

本章では、日韓の選挙制度比較を通じて選挙制度論一般への貢献を行うべく、同じ選挙制度が両国の異なる政治的背景や既存の制度によって、民意の代表性や政党制に対して異なる変化をもたらしたこと、そして両国の異なる選挙制度が有権者の政治意識に対して異なる影響を及ぼしうることを示した。最後にそのインプリケーションをまとめたい。

小選挙区比例代表並立制は、多数代表的な特徴と比例代表的な特徴を同時にもっている選挙制度であるため、政治的な妥協の結果として採用されやすい選挙制度である一方、選挙制度の重要な目的である政治的代表性（比例性）と安定性のうちどちらも追求できない中途半端な選挙制度であるといえる。韓国の場合、以前の小選挙区を中心とした政治的代表性を大きく損ないかねない選挙制度が問題であるとするならば、小選挙区比例代表並立制よりはドイツ式の小選挙区比例代表併用制を採用した方が望ましかったかもしれない。また、並立制を採用したとしても、地域区議席と全国区比例代表議席の比率

の差を縮める努力を展開しなければならなかった。なぜなら、現在の並立制のように、全300議席のうち54議席（18.0％）しか全国区比例代表議席に割り当てない選挙制度では、政治的代表性を高める効果が大きく損なわれるからである。

　同様に日本の場合、二大政党制の確立を通じた政党中心の責任ある政治の実現を目的としたのであれば、小選挙区比例代表並立制ではなく、イギリス式の単純多数小選挙区制を採用した方が望ましかったであろう。ただし日本では、自民党の一党優位体制が長期間維持されたこともあり、単純多数小選挙区制を導入することは難しいという事情があった。一方で多党化傾向の中で比例代表的な選挙制度を採用することに自民党が反対したことは当然であったと思われる。それゆえ小選挙区比例代表並立制は政治的妥協の結果として選択されるしかない選挙制度であった。

　要するに日韓両国とも政治的アクターの利害が複雑に入り組んだ経路依存と理念の間で揺れながら、最終的に現行の小選挙区比例代表並立制に落ち着いたため、本来期待されていた効果を選挙制度改革によって十分得られたとはいいがたい。しかし、それは現実の制度改革においてはむしろ当然のことである。また本章の分析が示すようにその限定的効果についても理論的に説明が可能なものであった。したがって、制度改革の目的が十全に達成されなかったからといって、それを選挙制度の理論・実証研究が不要である証とし、何の理論的根拠もなしに旧来の制度（例えば日本の場合、中選挙区制）に戻せなどと主張することは適切ではない。今後選挙制度改革が行われるうえでも、本章の分析が示したように、選挙制度の効果についての理論的検討およびその実証分析をもとに、代表性、政党制、有権者の政治意識への選挙制度改革の効果を考慮しつつ、めざすべき理念に照らして周到な議論がなされるべきであろう。日韓の選挙制度の比較研究は、今後もこうした議論を進めるうえで有益な知見を我々に提供してくれるに違いない。

<参考文献>
【日本語】
浅羽祐樹．2008．「書評：木村幹著『民主化の韓国政治』」『現代韓国朝鮮研究』8 号：99-101．
加藤秀治郎．2003．『日本の選挙』中公新書．

【韓国語】
カン・ウォンテク．2005．「国会議員選挙制度と政治改革」『韓国の政治改革と民主主義』インガンサラン．
カン・テフン．2003．「日本の政治改革と政治形態の変化に関する研究」『国際地域研究』7（1）．
コ・ソンギュ．2002．「日本の選挙制度改革と二党制」『日本学報』51．
キム・ヨンテ．2002．「1 人 2 票制の制度的効果と政治的影響：ドイツ、ニュージーランド、日本の経験と示唆点」チン・ヨンチェ編『韓国の選挙制度Ⅰ』韓国社会科学データセンター．
キム・セゴル．1999．「日本の権力構造と政治改革」『日本研究論叢』11．
キム・ジェハン．2002．「合憲的比例代表議員当選決定方式」チン・ヨンチェ編『韓国の選挙制度Ⅰ』韓国社会科学データセンター．
キム・ジェホ．2002．「日本の選挙制度」チン・ヨンチェ編『韓国の選挙制度Ⅰ』韓国社会科学データセンター．
キム・ホソプ．1996．「日本の政治改革と政界再編」『韓国と国際政治』12(1)．
パク・チャヌク．2004．「第 17 代総選挙での 2 票並立制と有権者の分割投票：選挙制度の微視的効果分析」『韓国政治研究』13(2)．
パク・チョルヒ．2003．「日本政治資金制度改革の教訓」アン・チョンシ、ペク・チャンジェ編『韓国政治資金制度』ソウル大学校出版部．
ペク・チャンジェ．2004．「政治資金制度改善の効果と政治的結果：第 17 代総選挙の事例」『韓国政治研究』13(2)．
―――．1984．「韓国の政治参加と政治発展」韓国政治学会編『韓国政治発展の特徴と展望』韓国政治学会．
シン・ミョンスン．1994．「全国区国会議員制度の批判的考察」『韓国政治学会報』28（2）．
シン・ミョンスン、キム・ジェホ、チョン・サンファ．1999．「シミュレーション分析を通じた韓国の選挙制度改革方案」『韓国政治学会報』33(4)．
延世大学校東西問題研究院・西江大学国際地域研究所．2004．『第 17 代国会議員選挙の評価と政策提案』首都文化社．
イ・サンフン．2002．「日本の政党政治と腐敗」『国際政治研究』5(2)．
イ・チュンチョン．1995．「韓国有権者の人物指向的投票形態分析：批判的考察」『東西研究』7．

イ・ヒョンチュル．2005．「政党改革と地区党廃止」『韓国政党学会報』4(1)．
イム・ソンハク．2004．「第17代総選挙の選挙資金と政治改革の効果」『韓国政治学会報』39(2)．
チャン・フン．2000．「韓国選挙制度の現実と改革」『議定研究』6(1)．
チョ・ジンマン、チェ・ジュンヨン．2006．「第17代総選挙で示された政党投票の決定要因分析」『政治・情報研究』9(1)．
チェ・ウンボン．1995．「戦後日本の政治過程：政治理念と制度の変貌」『韓国と国際政治』11(2)．
チェ・ジャンジブ．2004．『民主化以後の民主主義：韓国民主主義の保守的起源と危機』フマニタス．

【英　語】

Anderson, Christopher J., André Blais, Shaun Bowler, Todd Donovan and Ola Listhaug. 2005. *Losers' Consent: Elections and Democratic Legitimacy*. Oxford: Oxford University Press.

Anderson, Christopher J. and Christine A. Guillory. 1997. "Political Institutions and Satisfaction with Democracy: A Cross-National Analysis of Consensus and Majoritarian Systems," *American Political Science Review* 91: 66-81.

Blais, André and R. K. Carty. 1990. "Does Proportional Representation Foster Voter Turnout?," *European Journal of Political Research* 18: 167-181.

Blais, André. 1991. "The Debate over Electoral Systems," *International Political Science Review* 12: 239-260.

Blais, André and Richard Nadeau. 1996. "Measuring Strategic Voting: A Two-Step Procedure," *Electoral Studies* 15: 39-52.

Cain, Bruce E. 1978. "Strategic Voting in Britain," *American Journal of Political Science* 22: 639-655.

Cho, Wonbin and Michael Bratton. 2006. "Electoral Institutions, Partisan Status, and Political Support in Lesotho," *Electoral Studies* 25: 731-750.

Christensen, Raymond V. 1996. "The New Japanese Election System," *Pacific Affairs* 69: 49-70.

Cox, Gary W. and Michael F. Thies. 1998. "The Cost of Intraparty Competition: The Single, Nontransferable Vote and Money Politics in Japan," *Comparative Political Studies* 31: 267-291.

Duverger, Maurice. 1954. *Political Parties: Their Organization and Activity in the Modern State*. London: Methuen.

Farrell, David M. 1997. *Comparing Electoral Systems*. New York: Prentice Hall.

Johnston, R. J. and C. J. Pattie. 2002. "Campaigning and Spilt-Ticket Voting in New Electoral Systems: The First MMP Elections in New Zealand, Scotland, and Wales," *Electoral Studies* 21: 583-600.

Jou, Willy. 2009. "Political Support from Election Losers in Asian Democracies," *Taiwan Journal of Democracy* 5: 145−175.

Karp, Jeffery A., Jack Vowles, Susan A. Banducci and Todd Donovan. 2002. "Strategic Voting, Party Activity, and Candidate Effects: Testing Explanations for Spilt Voting in New Zealand's New Mixed System," *Electoral Studies* 21: 1−22.

King, Gary, Robert O. Keohane and Sidney Verba. 1994. *Designing Social Inquiry: Scientific Inference in Qualitative Research*. Princeton, NJ: Princeton University Press.

Knight, Jack. 2001. "Explaining the Rise of Neoliberalism: The Mechanisms of Institutional Change," John L. Campbell and Ove K. Pedersen. eds.. *The Rise of Neoliberalism and Institutional Analysis*. Princeton: Princeton University Press.

Kohno, Masaru. 1997. "Voter Turnout and Strategic Ticket-Splitting under Japan's New Electoral Rules," *Asian Survey* 37: 429−440.

Laakso, Markku and Rein Taagepera. 1979. "'Effective' Number of Parties: A Measure with Application to West Europe," *Comparative Political Studies* 12(1).

Lanoue, David J. and Shaun Bowler. 1992. "The Sources of Tactical Voting in British Parliamentary Elections, 1983−1987," *Political Behavior* 14: 141−157.

Levi, Margaret. 1990. "A Logic of Institutional Change," Karen Schweers Cook and Margaret Levi. eds.. *The Limits of Rationality*. Chicago: Chicago University Press.

Lijphart, Arend. 1994. *Electoral Systems and Party Systems: A Study of Twenty-Seven Democracies 1945−1990*. New York: Oxford University Press.

Massicotte, Louis and André Blais. 1999. "Mixed Electoral System: A Conceptual and Empirical Survey," *Electoral Studies* 18: 341−366.

Moehler, Debra C. 2009. "Critical Citizens and Submissive Subjects: Election Losers and Winners in Africa," *British Journal of Political Science* 39: 345−366.

Norris, Pippa. 2004. *Electoral Engineering: Voting Rules and Political Behavior*. Cambridge: Cambridge University Press.

Ordeshook, Peter C. and Langche Zeng. 1997. "Rational Voters and Strategic Voting: Evidence from the 1968, 1980, and 1992 Elections," *Journal of Theoretical Politics* 9: 167−187.

Pierson, Paul. 2000. "The Limits of Design: Explaining Institutional Origins and Change," *Governance* 13: 475−499.

Pzerworski, Adam. 1991. *Democracy and the Market*. New York: Cambridge University Press.

Reed, Steven R. and Michael F. Thies. 2001a. "The Causes of Electoral Reform in Japan," Matthew Soberg Shugart and Martin P. Wattenberg. eds.. *Mixed-Member Electoral Systems: The Best of Both World?*. New York: Oxford University Press.

─────. 2001b. "The Consequences of Electoral Reform in Japan," Matthew Soberg Shugart and Martin P. Wattenberg. eds.. *Mixed-Member Electoral Systems: The Best of Both World?*. New York: Oxford University Press.

Riker, William and Peter C. Ordeshook. 1968. "A Theory of the Calculus of Voting," *Ameri-*

can Political Science Review 62: 25–43.

Rose, Richard. 1984. "Electoral System: A Question of Degree or of Principle?" Arend Lijphart and Bernard Grofman. eds.. *Choosing Electoral System: Issues and Alternatives*. New York: Praeger.

Schoen, Harald. 1999. "Split-Ticket Voting in German Federal Elections, 1953–90: An Example of Sophisticated Balloting?" *Electoral Studies* 18: 473–496.

Seligmann, Albert L. 1997. "Japan's New Electoral System: Has Anything Changed?" *Asian Survey* 37: 409–428.

Shugart, Matthew Soberg and Martin P. Wattenberg. eds.. 2001. *Mixed-Member Electoral Systems: The Best of Both World?*. New York: Oxford University Press.

Steinmo, Sven, Kathleen Thelen and Frank Longstreth. eds.. 1992. *Structuring Politics: Historical Institutionalism in Comparative Analysis*. New York: Cambridge University Press.

Taagepera, Rein and Matthew Soberg Shugart. 1989. *Seats and Votes: The Effects and Determinants of Electoral Systems*. New Haven: Yale University Press.

Weingast, Barry R. 2005. ""Self-Enforcing" Constitutions: With an Application to Democratic Stability in America's First Century," Working paper. Stanford University.

第5章

日韓両国における首都機能移転を
めぐる政治過程

高選圭・辻陽

はじめに

　日本でも韓国でも、時期は異なるとはいえ、首都機能移転[1]が政府中枢内で叫ばれ、国政における一大関心事となった。しかし、その結論は異なった。日本では1990年代に入って首都機能移転にまつわる議論が国会内でも大きな話題となり「国会等の移転に関する法律」の制定にまで至ったが、実行に移されることなくいつの間にか実質的に立ち消えになり、行政機能の移転もほとんど進まなかった。それに対して韓国では、首都機能移転に関する議論が進み、首都そのものについては憲法裁判所の違憲判断によってその機能の移転が頓挫したが、それでも行政機能の移転は今後も進む見通しである。すなわち韓国では、2005年3月「行政中心複合都市建設特別法」が成立し、2005年10月「中央行政機関等の移転計画」の公示以後、行政機能の移転は進んでいる。2007年大統領選挙で政権交代が起こり、李明博(イ・ミョンバク)政権では行政機能の移転に関する修正計画を推進したがうまくいかず、2011年7月21日「新行政首都後続対策のための行政中心複合都市建設特別法」の一部改正が確定し、9省2庁2処等、36の中央行政機関が移転することが決まった。行政中心複合都市の建設は2007年から推進されているが、各行政機関は2012

---

[1] 本章では、首都機能移転も国等の移転も行政機関の移転も同じものとして取り扱う。

年から移転が始まっている。同じように単一主権国家でありながら、このように首都機能移転に関して異なる結論が得られたのはなぜなのか。本章ではこの問題を比較政治制度論の観点から検証していく。

　予め結論を述べれば次のようになる。日本と韓国を比べると、相対的に日本の地方自治体により大きな裁量の幅があるといえる。また、大統領制を比較する枠組みから韓国の大統領制、地方政府における首長と議会の関係、日本の地方政府における首長と議会の関係を概観すると、いずれも執政側により大きな権限が与えられている。その結果、韓国では大統領を中心とした政治過程が展開されてきている。韓国での首都機能移転は、2002年大統領選挙で盧武鉉(ノ・ムヒョン)大統領候補者の公約として登場してからその推進も盧大統領主導で行われるようになったと分析できる。それに対して日本では、地方首長を中心とする政治過程がそれぞれ展開されやすいと予想され、実際に首都機能移転をめぐる議論においてはそのような状況を辿ったということができる。

I　首都機能移転に関する先行研究

　首都機能の移転をめぐって日本と韓国を比較研究したものは非常に数が少ない。日本語文献では、玄大松によるものがある。彼によると、日本では、おおむね次のようにして首都移転に関する議論が進められていった。まず、首都移転論にまつわる政策のアイディアが与野党の間で「根回し」され、さらに「議員らによる懇談会」、政党内に「調査会」、そして政府内に「審議会」や「学識経験者を入れた懇談会」が設置され、さまざまなアクターのコンセンサスを得ることが重要視される。それに対して韓国では、首都移転に関して公開セミナーや公聴会が数回開催されたもののコンセンサスについては不十分であった、との理解を示している（玄 2009）。他方、韓国語文献を見ても首都機能の移転をめぐって日本と韓国を比較研究したものはほとんど存在していない。日本の首都機能の移転をめぐる議論は、外国の事例として取り上げられる場合に限られる。

　もっとも、日本、韓国個別の事例について、それぞれ日本語もしくは韓国語において詳細な分析が進められてはいる。本章における問題関心、すなわ

ちなぜ日本において首都機能移転が進まなかったかについて、これまでに次のような見解が示されている。市川宏雄（1998）は、財政逼迫という外部条件もあるものの、それを乗り越えてまで当初のスケジュールを順守する根拠が欠けていたことを、首都機能移転が進まなかった理由として挙げる。具体的には、「東京一極集中の是正」という根拠が、将来の東京圏における人口減の見通しによって弱まってしまうとともに、国政全般の改革へと議論の中心がシフトしてしまったことによって、首都機能移転が難しくなった可能性があると論じている。

　大坂健（2002）は、戦後の日本における首都機能移転論を包括的に検討し、首都移転推進勢力、反対勢力、官僚などの動向について考察を加え、以下のとおり結論を導いている。1960年代中盤に河野一郎建設大臣の指示にもとづき建設省が立法・司法・行政に関する国の中央機関を一括して同一地域に移転する構想を公表したものの、このときは財政面からの問題が指摘されたことに加えて、首都機能移転に理解を示す勢力が政権政党内にはなかった。1970年代前半、田中内閣の「日本列島改造論」が全国的な開発ブームを呼ぶと、金丸信が第2次田中内閣に建設相として入閣し、その後も首都機能移転論の旗振り役として機能したものの、国土庁の官僚たちが、自らが国土を管理する中枢装置としての役割を担うべきと考え、首都移転と地方分権とがセットにされ権限移譲や縮減につながることを嫌っていたことや、政府が財政再建・総需要抑制方針をとったことなどから、それ以上の議論の進展はなかったと大坂は述べる。1980年代になると、分権型国家のあり方の1つ、あるいは災害対策として首都移転論が展開され、政界・財界・官僚の後押しも揃ったために1992年12月に「国会等の移転に関する法律」の可決成立という形で結実したが、このときも、財政構造改革会議において首都移転の凍結・延期が打ち出されたことや、首都誘致運動地域間における競争や移転推進勢力と反対勢力との間の対立が激化したことで、具体的な首都機能移転の話は頓挫してしまったと述べている。

　それに対して韓国における首都機能移転については、次のようにまとめられている。すなわち、韓国で首都機能の移転に関する議論は、議会・政党・政治家・地方自治団体等の利害当事者のみではなく、国論を二分する形で全

国民を巻き込んで行われた。韓国の首都機能の移転問題は、そもそも2002年大統領選挙の選挙公約として出てきた背景からもわかるように政治的問題としての性格が強かった。韓国における首都機能移転の必要性は、ソウル特別市を含む首都圏の一極集中現象の解消から提起されてきた。1970年ソウルの人口は全国の28.8%を占めていたが、2000年には46.3%に増加している。この割合は東京の25.9%（1998）、ロンドンの11%（1998）、パリの18.2%（1998）等と比較しても非常に高い。さらに、首都圏には行政・経済・文化施設等が集中しており、経済力と金融・雇用の集中は国土の不均等な発展をもたらしている。首都圏への人口・産業施設の集中は、都市問題はもちろん、環境問題を悪化させ、大気汚染・交通問題は国の国際競争力を低下させるまでに至っている。首都圏への人・モノ・行政機能の集中は、地方の経済衰退、財政悪化、人口流出などの社会経済的な問題を引き起こしている。

　韓国での首都機能の移転をめぐる議論は、首都圏への過度な集中を改善することによる国土の均等な発展と国家としての競争力強化をベースにしている。すなわち、現在ソウルに集中している首都機能の移転が国土の均等な発展と韓国の国家競争力に寄与するのかどうかをめぐって賛成側も反対側もそれぞれの論理で武装し、与・野党、革新―保守などの理念が複合的に絡んだ議論となった。また、行政機関の地方移転と地方経済の活性化が首都機能の移転の政治的名分となっている側面から見ると、分権化が首都機能の移転をめぐる議論の大事な部分を占めていた。国土の均等な発展と分権化は、盧武鉉政府の国政理念となっていた。韓国の首都機能の移転は、2002年大統領選挙の公約以降争点化していることを考えると、政治的な色合いが強く、盧武鉉政府の国政課題の1つであったことがわかる。

　このような議論以外にも、首都機能の移転にかかる費用、財源調達、財政投資の優先順位、新首都の建設期間、社会的コストと合意、不動産の値上がり問題、南北統一以後の首都移転、ソウルの空洞化、国土の均等な発展の有効性などをめぐる議論や研究などが展開されているが、いずれにしても、韓国政治学において各国間の首都機能移転に関する事例を比較分析したものは少ない。

　まとめると、これまでの先行研究では、日韓ともに同じく財政問題が重要

となる中で、なぜ韓国だけが憲法裁判所が憲法違反と判断するまで首都機能の移転議論が展開し、日本では韓国よりも前の段階で頓挫したかを説明することができていない。そこで本章では、日本と韓国における、自治体というアクターも巻き込んだ形での政治過程を追跡し、これら自治体アクターを取り巻く制度が鍵であったことを以下に論じていく。

II 本章の理論枠組み——比較政治制度論の応用

1 本章の理論的前提

本章では、比較政治制度論の枠組みを用いて、日本・韓国両国における首都機能移転論の展開を説明する。

近年、選挙制度や執政制度、さらには中央—地方関係など政治制度にまつわる関数が政党システムに影響を及ぼすとする文献が刊行されている。たとえば Samuels and Shugart (2010) は次のようにいう。大統領制における大統領は、選挙に勝とうとして国民の意向を気にするため、議院内閣制における首相と議会内政党との関係とは異なり、議会内の（与党）政党の純粋な代理人（agent）として活動しにくい。言い換えれば、大統領制においては、部外者（outsider）が執政権者になりやすく、執政権者が政策を変える（switch）ことが容易に生じ、政党内対立を生じさせやすい制度である、と述べる。

また、個々の地方政府（sub-national government）における政党間対立が他地域における政党間対立とリンクしないまま国政レベルにおける政党システムに持ち込まれるのか、それとも地方政府間で各政党のリンケージが成立し、国政レベルにおける有効政党数が低い値を示すようになったのかを、説明しようとする研究も見られるようになった[2]。

たとえば、Chhibber and Kollman (2004) は次のようにいう。すなわち、その国において中央集権化されているほど、つまり中央政府における政策決定が有権者に与える影響が大きいほど、国政政党のラベルが重要となり、選挙

---

2) 下位政府、言い換えるならば地域間の政党のリンケージに関する考察については、浅羽 (2009) を参照。

候補者にとっては大政党に入るインセンティブが高まる。その結果、地方政党の全国展開がなされるようになり、政党システムの全国化が見られるようになるという。

Hicken (2009) は、民主化途上の国において、政党システムの統合化 (aggregation) を進展させるメカニズムについて理論的考察を加える。彼は、政党システムの統合化に影響を与えるものとして、垂直的集権化と水平的集権化の2つがあると述べる。Chhibber らのいうように中央政府に権限が集中しているほど垂直的集権化はなされ、また (1) 第二院の権限が弱いほど、(2) 政党の凝集性が高いほど、(3) 選挙によって選ばれる政治家に対して直接的に説明責任を負わない領域 (reserve domains)[3]が小さいほど、水平的集権化はなされ、いずれの場合にも政党システムの統合化が進むとする。

他方で、最大政党が政権を獲れるかどうかが、政党システムの統合化の進展具合にも影響するという。大統領制の場合には、(1) 大統領選挙と議会議員選挙が同時に行われる場合、(2) 立法部（議会）に対して投ずる一票がそのまま大統領候補への一票となる、言い換えれば立法部と執政部への票が同一である場合、(3) 大統領選候補者数が少ない場合（特に現職がいる場合）には、政党システムの統合化が進むという。議院内閣制の場合には、政党リーダーがそのまま首相になるような場合に、政党システムの統合化が進むとのことである。

これら Chhibber らの研究も Hicken の研究も、国政政党システムにおける政党の数を説明するために理論構築がなされたものであるが、この考え方は中央―地方それぞれにおける重要な政治アクターの行動にも適用できそうである。すなわち、中央―地方関係と執政府―議会関係の双方から見て、どれだけの the size of the prize (Hicken and Stoll 2008) が執政府の長に集中している（あるいはしやすい）かによって、政治過程が異なるといえるのではないだろうか。

そこでここでは、（国政レベルにおける執政権者ではなく）地方レベルの「首

---

3) 例として、軍部などに議席が与えられる場合や、軍部リーダーの選任権や予算に関する権限が政府にない場合を考えることができる。

長」を基準に考えたい。この地方「首長」がどれほどの the size of the prize を有しているかを日韓それぞれについて測定し、それによって中央―地方を巻き込んだ政治過程がどのように異なるかを説明したい。

2 　垂直的関係と水平的関係

　本章では、日韓両国における首都機能移転にまつわる議論の中で重要なアクターの行動に焦点を当てる。

　首都機能の移転は両国ともに法律事項であり、国会での議決が必要となるが、首都機能移転に関心をもち影響力を及ぼしうるのは国会議員だけではない。まず、議院内閣制を採用している日本の内閣はもちろん、予算編成権も議案提出権ももつ韓国の大統領は、最重要アクターと位置づけることができる。

　また、首都機能移転は国政レベルのみで議論が展開されるわけではない。もともと首都の置かれている東京やソウルといった自治体のトップ、さらには首都機能の移転先として名を挙げた自治体のトップの行動にも目を配らなければならないだろう。

　それでは、これら諸アクターはどのような制度配置にあるのだろうか。ここでは、垂直的関係として日韓両国の中央―地方関係を、水平的関係として韓国の大統領―議会関係、韓国の地方政府における首長―議会関係、日本の地方政府における首長―議会関係を、それぞれ検討する。

（1）垂直的関係

　日本においても韓国においても、中央―地方関係は時代を追って変化してきた。日本では、1999 年 7 月に成立した「地方分権一括法」[4]によって中央―地方関係が主従の関係から対等の関係に変化したといわれ、機関委任事務の多くが地方自治体が自らの判断で処理すべき自治事務とされた。しかしながら、本章で分析対象とするのは、2000 年に施行されたこの地方分権一括

---

[4] 正式名称を「地方分権の推進を図るための関係法律の整備等に関する法律」といい、関連する 475 本の法律が一括改正された。

表 5-1　韓国における法令上の事務配分比率 (単位：件数)

年	国家事務	委任事務	自治事務	計
1994	11,744 74.5%	1,920 12.2%	2,110 13.4%	15,774
1996	11,646 73.8%	1,246 7.9%	2,882 18.3%	15,774
2002	30,240 72.7%	1,311 3.2%	10,052 24.2%	41,603

(出典) 趙 (2007：69) の表2-1を一部改変、総務庁『中央・地方事務総覧1』(1994)、『総務庁内部資料』(1996)、地方移譲推進委員会『地方移譲白書』(2003)。
(註1) 1994年と1996年統計は総務庁調査結果。
(註2) 2002年統計は地方移譲推進委員会の調査結果。

法以前の日本における中央—地方関係と、2000年代の韓国における中央—地方関係である。そこで、ここでは、両国の中央—地方関係の比較を試みたい。

　日本も韓国も「融合」型の地方自治制度がとられているといわれている。日本では、地方分権一括法が制定されるまでは、機関委任事務制度が戦後を通じて活用されており、国の指揮監督の下、市町村の首長や都道府県知事が国政事務の執行を委任されてきた。地方分権一括法施行後も、機関委任事務の一部は法定受託事務に振り分けられ、国と地方との関係は対等になったといわれるが、時代によって若干の程度の差はあれ、少なくとも「融合」型の地方自治制度は続いてきているといえよう。

　他方韓国でも、1999年7月に「中央行政権限の地方移譲促進などに関する法律」(以下「地方移譲促進法」) が制定・施行され、国と地方自治体の間の事務配分については、地方自治法第11条に規定された国会事務を除き、可能なかぎり多くの事務を地方自治体に配分することとされた (表5-1参照)。また、この法律によって地方移譲推進委員会が大統領の下に設置され、地方に移譲されるべき事務権限について議論がなされている。

　ただ、これだけをもって、日本・韓国両国の「垂直的関係」を比較することはできない。日本において何を地方分権改革後の自治事務、もしくは地方分権改革前の公共事務や行政事務とカウントするかが非常に難しいためであ

る。

　そこで、代替的に、データを入手することが比較的容易な、中央政府と地方政府の財政規模を見ることによって、日韓両国における中央―地方間の垂直的関係を比較することにしたい。すなわち、政府総支出に対する地方政府の支出割合を日本と韓国双方について調べ、これが大きければ大きいほどより「分権」的であるとするのである[5]。もちろん、地方政府の支出には、国政レベルの法律により支出が義務化されているものも含まれ、自治体の国に対する自律性を示す指標としてはふさわしくないとの議論があるかもしれない。しかしながら、自治体が政治ルートを通じて補助金を獲得し、それをもって地方政府の支出とすることがあると考えれば、自治体の「活動量」が政府全体の「活動量」に占める割合をもって地方政府に対する分権性の度合いを示すことは、あながち的外れなことではなかろう。

　そこで、日本・韓国両国における政府総支出に対する地方政府の支出割合を計算した。**表5-2**は、日本において首都機能移転にまつわる議論が活発化した1989年度から1999年度にかけての国の歳出総額、地方歳出総額、地方歳出総額が全政府歳出に占める割合を示したものである。ここからわかるように、日本の地方政府の「活動量」は相当大きい。11年間の地方歳出総額が全政府歳出に占める割合の平均は、63.9%である。それに対して、趙（2007：74）によれば、韓国における地方財政の全政府支出に占める比率は相当小さく、2000年前後におけるその割合は、おおよそ約4割である（**表5-3**）。

　以上より判断すると、日本と韓国との間では中央―地方間の事務権限の配分方法については相当似通ったところがあり、両国の垂直的関係にはあまり相違が見られないようではあるものの、地方政府の「活動量」からすれば日本がより「分権」的であるように見える。すなわち、地方政府側の政府活動に及ぼす影響力は、韓国よりも日本において大きいということができるであろう。

　5）先のChhibber and Kollman（2004）も、部分的にではあるが、この指標を各国の集権／分権化を示す指標として用いている。

表 5-2　日本における国の歳出と地方歳出 （単位：億円）

年	国歳出	地方歳出	総計	国歳出割合	地方歳出割合
1989	446,493	716,575	1,163,068	38.4%	61.6%
1990	465,912	773,413	1,239,324	37.6%	62.4%
1991	468,253	827,336	1,295,589	36.1%	63.9%
1992	465,184	882,854	1,348,038	34.5%	65.5%
1993	481,591	916,972	1,398,563	34.4%	65.6%
1994	487,311	927,099	1,414,410	34.5%	65.5%
1995	533,115	974,493	1,507,608	35.4%	64.6%
1996	536,485	977,567	1,514,052	35.4%	64.6%
1997	523,280	964,195	1,487,475	35.2%	64.8%
1998	579,240	984,591	1,563,831	37.0%	63.0%
1999	632,225	1,000,185	1,632,410	38.7%	61.3%

（出典）『地方財政白書』より筆者作成。

表 5-3　韓国における中央・地方財政規模の比重推移 （単位：億ウォン）

	1998年	1999年	2000年	2001年	2002年	2003年
総財政（A）	1,432,055	1,576,569	1,735,908	1,888,874	1,964,488	2,096,553
中央財政（B）	1,054,505	1,200,206	1,274,415	1,394,878	1,497,133	1,556,659
地方財政（C）	556,183	571,487	687,636	854,439	776,023	834,559
C/A	38.8%	36.2%	39.6%	45.2%	39.5%	39.8%

（出典）趙（2007：74）の表2-5を一部改変、企画予算庁『2003年予算概要参考資料』(2003) より作成。
（註1）総財政＝中央財政＋地方財政
（註2）地方財政は中央移転財源および教育財政含む。
（註3）2001年までは決算、2002年と2003年は予算。
（註4）歳出純計規模。

(2) 水平的関係

　続いて、日本と韓国における水平的関係、つまり執政関係について検討してみる。いうまでもなく、日本では議院内閣制、韓国では大統領制が採用されており、立法部と執政部の関係は相当異なる。

　この国政レベルにおける立法部―執政部間の権力関係、それも大統領制と議院内閣制を比較するのは必ずしも容易ではない。そこでまず、選挙制度か

ら考えられる立法部—執政部関係について検討する。

韓国の国政レベルでは、民主化以降、小選挙区比例代表並立制が採用されてきた。しかしながら、比例代表の議席の割合は小さく、実質的には小選挙区相対多数制だということができる。よって、もし、大統領が政党党首の役割も兼ねているのであれば、制度から想定されるのは、大統領の党員に対する求心力の強さである。

他方日本の国政レベルでは、1993年に執行された衆議院議員総選挙までは中選挙区制であったが、その後1996年以後に執行された総選挙では、小選挙区比例代表並立制となっている。また、参議院議員選挙においては、本章の検討対象となる1990年代以降について、1998年通常選挙までは選挙区制と拘束名簿式比例代表制の組み合わせであったものが、2001年通常選挙以降は選挙区制と非拘束名簿式比例代表制の組み合わせへと変更になっている。つまり、衆議院議員選挙については、1996年以降政党執行部の党員に対するグリップが徐々に強まっていったと考えられるのに対して[6]、参議院議員選挙の制度変更からは、参議院議員に対する政党執行部の影響力が低下したことが予想される。

すなわち、こうした選挙制度から見えてくるのは、韓国の大統領が（政党の代表者であるという条件を備えたうえでではあるが）相対的に一般党員に対して大きな影響力をもちやすい一方、日本の首相は、少なくとも衆議院議員選挙制度が変更されるまでは、一般党員に対してグリップを効かせにくい状況が続いてきたことである。

次に、議会多数派と内閣の党派性が一般には一致する日本の国政レベルにおける議院内閣制以外の、日本の地方における二元代表制、韓国の国政レベルにおける大統領制、そして韓国の地方レベルにおける二元代表制それぞれについて、執政制度がもたらす権限配置について検討し、そこから見出され

---

[6] 建林正彦は、非拘束名簿式比例代表制および中選挙区制においては、政党メンバー各自の政策選好の近接性を示す政党の凝集性が低くなることを論じたうえで、衆議院議員選挙制度改革以降、派閥の影響力が低下する一方で政党執行部の影響力が強化されたことを論じている（建林 2006）。

る示唆をまとめてみたい。

　粕谷祐子（2010）は、Mainwaring and Shugart（1997）の枠組みに従い、アジア各国の大統領制における大統領の憲法権限の強さと、党派的権力（partisan power）の強さの比較を試みた。彼女によれば、全法案について包括拒否権が認められ、大統領令を制定する権限をもち、予算提出権を独占的に有する一方、議会による予算修正権限が限定され、国民投票にかけることができる韓国の大統領は、アジアの他国の大統領に比べて最も強い憲法権限をもつとされている。他方大統領の党派的権力のあり方は、そのときの議会構成にも影響されるものであり、一概に判断することは難しいが、浅羽祐樹（2011）によれば「与小野大」すなわち大統領の党派と議会多数派を占める党派が異なる分割政府が民主化後のほぼすべての総選挙で見られたとのことである。そして、総選挙で与党が負けたときや大統領選挙の前において政党再編が見られ、これにより「与小野大」の弊害を乗り越えてきたと彼は論ずる。

　このように考えれば、韓国の国政レベルにおける水平的関係は、相当程度大統領側に有利な形で作用していると判断することができよう。

　続いて、日韓両国における首長―議会関係を概観する。表5-4は、日韓両国における首長と議会の関係をまとめたものである。ここから見出せるのは、第1に、韓国においては地方選挙のタイミングが統一されているため、日本に比べて韓国の方が、首長と議会との関係が安定的になりやすいと想定されることである。言い換えれば、選挙のタイミングが同一であることによって、国政レベルの政党対決にも注目が集まり、また日本に比べれば分割政府が生じにくいと想像できる[7]。第2に、日本では再議権や専決処分（韓国では先決処分）の権限において首長により有意な位置づけを与えているものの、韓国では予算の増額修正については首長により有意な形で制度が設計されており、どちらの国がより首長優位な制度設計であると判断することが難しいことである。いずれにせよ、両国とも、上記のMainwaring and Shugart（1997）の枠組みに従えば、首長にかなり強大な権限を与えている制度になっている

---

7) Shugart and Carey（1992）参照。また、韓国における選挙のタイミングの重要性については、浅羽（2010）などを参照。

表 5-4　日本と韓国における首長と議会の関係

韓国（1994年地方自治法改正後）		日本
4年	地方議員の任期	4年（首長によって解散されないかぎり）
1995年…選挙区制（3人）＋比例代表制 1998年…選挙区制（2人）＋比例代表制 2002年、2006年、2010年…選挙区制（2人）＋比例代表制	地方議員の選挙区	選挙区制（小選挙区～大選挙区）
4年（継続して3期まで）	首長の任期	4年
統一	地方選挙の時期	自治体によって異なる
在籍議員の3分の1以上	議会開会の定足数	在籍議員の半数以上
会期継続の原則	会期制と議案	会期不継続の原則
在籍議員の5分の1もしくは10人以上	議員による議案発議の要件	議員定数の12分の1以上
可能	委員会による議案の廃棄	不可能
越権・法令違反とされる議決や、予算執行不可能な場合、条例案に対して認められる（限定的）	首長の再議権	越権・法令違反とされる議決につき、行使義務づけ。また、条例の制定若しくは改廃又は予算に関する議決について異議がある場合に行使可能（やや広い）
議会不成立時、議会を招集する時間的余裕がないとき、議決が遅滞するときに行使可能、しかし議会の承認を得られない場合は効力を喪失	首長の専決（先決）処分とその効力	議会不成立時、議会を招集する時間的余裕がないとき、議決が遅滞するときに行使可能、しかし議会で不承認でも有効（より首長に有利）
編成・提出権は首長専権、議会は首長の同意なく増額・費目設置修正不可能	予算に関する権限	編成・提出権は首長専権、議会は首長の予算提出権を侵さないかぎり予算増額修正可能
なし	首長不信任議決権	あり
なし	首長による議会解散権	不信任議決された場合に可能

（筆者作成）

と判断することができよう[8]。

すなわちここでの結論は、韓国においてより中央政党のグリップが地方レベルの首長や議員に効きやすく（その点では垂直的関係においてより「集権」的であるといえる）、また韓国・日本両国とも影響力を行使する相当な範囲の権限を首長に授けていると、まとめることができる。

(3) まとめ

本節で具体的に検討した、日韓両国における中央―地方政府間の垂直的関係と国政レベルおよび地方政治レベルにおける水平的関係についてまとめておきたい。

まず、垂直的関係においては、韓国の方が日本よりもより「集権」的であるとした。その根拠は、第1に日本において地方・国合わせた政府歳出に占める地方歳出の割合がより高いことであり、第2に韓国において各レベルの首長・地方議会の選挙が同一のタイミングで行われることによって政党中央のグリップが政党地方支部に対して効きやすいことにある。

それに対して水平的関係については、次のように概括できる。まず、選挙制度の観点からは、韓国の大統領の方が、政党の党首を務めているかぎりにおいて、日本の首相よりも、影響力を行使しやすい環境にいることが明らかになった。また、執政関係の分析からは、日本の議院内閣制においては、議会多数派と首相・内閣の占める党派は同一であることが一般的である一方、韓国の大統領制における大統領と議会の関係においても、日韓両国の地方政府における首長と議会の関係においても、執政部側の影響力が相当程度強いことが確認できた。

これらの点を図示したのが、図5-1と図5-2である。図の上部が国政レベル、下部が地方レベルを示し、矢印の大きさが影響力の大きさを、向きがそのアクターにより近い政策が決定される可能性を、それぞれ示している。もっとも、これら矢印の大きさは、相対的なものと理解されたい。さて、これらの図からは、日本においては大きな矢印が地方レベルの首長に向いている

---

8) このうち日本の地方政府における首長―議会関係については、辻（2002）を参照。

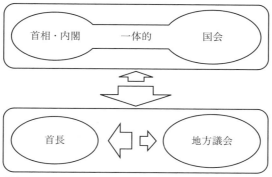

図 5-1　日本における垂直的関係と水平的関係

（筆者作成）

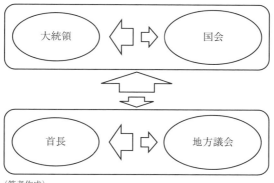

図 5-2　韓国における垂直的関係と水平的関係

（筆者作成）

ことがわかる。それに対して韓国では、大統領に大きな矢印が向いていることがわかる。つまり、日本においては地方政府、特に首長の発言力が相当大きな影響力をもつことが示唆される一方、韓国では中央政府、特に大統領の意向が強く政策に反映されると予想される。

ただ、同じく地方政府とはいっても、もともと首都をもっている東京やソウルと、首都機能移転を熱望したそれ以外の各地方との間では、非対称的な影響力関係があることに注意が必要である。すなわち、首都が今そこにあることが現状（Status Quo）であるとすれば、その首都を移転するには非常に大

第 5 章　日韓両国における首都機能移転をめぐる政治過程　167

図 5-3 首都のある自治体と首都を誘致したい自治体の影響力関係

（筆者作成）

きなエネルギーが必要であり、今もっている首都を手放すことよりも自分の土地に首都を引き込むことの方が圧倒的に大変だと想定されるからである（図 5-3）。

そこで次節では、日本と韓国における首都機能移転に関する議論について、国政レベルおよび首都のある自治体レベルにおける主要アクターの発言に注目しながら、ここで述べた仮説があてはまるかどうかを検証したい。

Ⅲ　首都機能移転をめぐる政治過程

1　日本の首都機能移転をめぐる政治過程

1990年代に日本において首都機能移転についてかまびすしく議論されるようになったのは、1つは首相のイニシアチブがあったからだった。1987年12月、竹下登首相は「1省庁1機関の地方移転」構想を表明し、翌年2月には閣議において政府関係機関の移転にとどまらず、国会や中央省庁の移転・分散も含めた大胆な発想が必要との考え方を示した。同年3月には、その前年に設定された第四期全国開発総合計画にのっとり、東京一極集中を是正し地方分散を進めるための多極分散型国土形成促進法案を閣議決定し、5月には臨時行政改革推進審議会（新行革審）の土地対策検討委員会が「政治・行政機能等の中枢的機関の移転再配置について幅広い観点から本格的検討に着手する」などとした最終報告書をとりまとめ、竹下首相が唱える国の機関の移転を盛り込んだ「総合土地対策要綱」が6月に閣議決定されるなど、徐々に首都機能移転に関する機運が醸成されていった。

このような動きに対して、1988年11月には首都機能移転反対派の動きも

活発化してきた。鈴木俊一東京都知事は竹下首相との会談の中で政府機関の移転には同意したが、遷都については非現実的であると意見表明したし、自民・社会・公明・民社の4党の国会議員らでつくる新首都問題懇談会が中心となって進めてきた「東京に集中している首都機能の移転を推進する国会決議」についても、自民党東京都連や鈴木都知事らが「遷都論は来年夏の都議選にマイナス」だと強く反対した[9]。

それでも、首都機能移転に関する議論は国政レベルにおいて進展する。1990年1月には国土庁長官の私的懇談会である首都機能の移転のあり方を検討する「首都機能移転問題に関する懇談会」初会合が開かれ、6月には、竹下首相の後を継いだ海部俊樹首相は国会衆参超党派で採択をめざす国会の地方移転を促す国会決議の実現に前向きの姿勢を示した。国政レベルで首都機能移転に反対していたのは共産党だけであり、同年11月「国会等の移転に関する決議」を衆参両院で共産党を除く各党の賛成多数によって採択した。もっとも、このときも、社会党の東京都選出議員らが「いま、なぜ、国会移転決議なのか」と強く採択に抵抗し調整に手間取ったため、採択日が1日延びた[10]。

1990年12月に海部首相の私的諮問機関「首都機能移転問題を考える有識者会議」の初会合が開かれ、1991年7月には海部首相の諮問機関「国土審議会」の首都圏整備特別委員会が首都圏整備計画をとりまとめ、国の計画として初めて首都機能移転の検討が明記された。さらに1992年2月には「首都機能移転問題に関する懇談会」の中間報告がとりまとめられた。これには、東京一極集中に起因する住宅・土地問題、長距離通勤問題など大都市過密問題の深刻化と地方の活力低下が目下の課題であり、また地震など大規模災害に対する脆弱性も早期に改善する必要があるが、国会等の移転は課題解決の契機になる、と唱われ、新しく想定される首都の規模やその建設方法、新首都建設地に求められる条件などが明記された。

このような動きに対して首都圏4都県の知事と政令指定市長が一堂に会し

---

9)『朝日新聞』1988年11月28日付朝刊。
10)『朝日新聞』1990年11月7日付夕刊。

た1992年5月の7都県市首脳会議（首都圏サミット）において遷都論が強い批判の対象となり、首都機能は多極分散型国土形成促進法に規定する業務核都市に分散・展開し、地方自治体への権限委譲による首都圏の再整備こそが現実的な対応策であるとの考えが再確認された。また同時期、鈴木都知事も国会で首都機能移転に関する法制定の動きがあることについて「特定の自治体に特別の負担をかけるのだから、その自治体住民の賛成を得なければならない。それが憲法や地方自治法の精神だ」と述べ、住民投票の必要性を重ねて強調するとともに[11]、同年6月には、東京・埼玉・千葉・神奈川の4都県知事と横浜・川崎・千葉の3政令指定市長が、自民党が中心になって同年の通常国会での成立をめざしている「首都機能移転に関する法案」（仮称）に対して慎重に対処するよう求める緊急声明を発表した。そして東京都議会では、自民・社会・公明・共産・民社など6会派の賛成多数で「国会等の移転に関する法案」の国会提出に反対する決議が可決された。

　それでも首都機能の移転に関する議論はより具体化していく。1992年5月、自民党は政府内に首都機能移転調査会を設置することなどを柱とした「首都機能（国会等）の移転に関する法案」（仮称）の原案をとりまとめ、社会党も（1）国会を含む首都機能移転の宣言、（2）移転に伴う地方分権の推進、（3）国会の移転時期の明確化、（4）首都機能移転に関する調査審議機関の政府内設置などを盛り込んだ「首都機能移転基本法案」（仮称）を発表している。さらに、衆院国会等移転特別委員会の理事懇談会において共産党以外の各党が「首都機能移転法案」（仮称）を共同提案することを前提に法案づくりを進めることで合意がなされた。同年6月には「首都機能移転問題に関する懇談会」の最終報告が東家嘉幸国土庁長官に、7月には「首都機能移転問題を考える有識者会議」による、立法・司法・行政などの中枢機能の東京からの移転を提言した報告書が宮沢喜一首相に、それぞれ手渡された。

　1992年11月、首都圏サミットで、「展都と分権に基づく首都圏の再編整備」を進めることが再確認されたものの、同月、自民・社会・公明・民社4党によって国会等の首都圏外への移転検討を模索する「国会等移転法（国会

---

11)『朝日新聞』1992年6月6日付朝刊。

等の移転に関する法律)」案が国会に提出され、翌12月には可決成立した。

1993年4月、国会等移転調査会の初会合が開かれ、経済団体連合会 (経団連) も時期を同じくして、首都圏の外に新首都をつくり、立法・行政・司法の三権を一括移転すべきだと主張する「東京一極集中に関する見解」を採択した。翌年5月には、経済機能は東京に残し、政治・行政機能が移転すべきだとした中間報告案がとりまとめられた。

他方で、国会等移転法が通った後も、東京都や首都圏首長を中心に反対運動が根強く展開される。東京都は1993年10月に「新たな集中を新首都に招きかねない」「政治と経済の機能の分離につながらない」「地方分権が先」などと主張した「国会等の移転に関する影響予測調査」をとりまとめたし、東京都・埼玉県・千葉県・神奈川県の各知事と横浜・川崎・千葉市の各市長は翌年6月に「首都機能移転だけが先行することは必ずしも真の問題の解決にならない」などとする意見を文書で表明した。

国レベルでは、1995年6月に国会等移転調査会が「新首都を東京と同時に被災する可能性の小さい地域に早期に建設する」ことを求めた第二次中間報告をまとめ、村山富市首相に提出した。また、自民・社会・さきがけの政権与党3党は「新三党合意」に「年内に候補地選定基準を策定し二年をめどに候補地を決定」するという新首都建設促進を盛り込んでいたし[12]、野党新進党も「首都移転の手順や日程を早急につめる」ことを盛り込んだ「二十一世紀への改革ビジョン」を発表していたため[13]、国レベルにおいてはほぼすべての勢力が首都機能移転の推進勢力となり続けていた。

このような動きを受け、首都圏以外の首長も動き出す。1995年9月、社会経済生産性本部の新都建設推進協議会がとりまとめた「首都機能移転に関する全国知事アンケート」において、16道県の知事が「首都機能を誘致したい」と回答したことが明らかになった。同年12月には、「東京からの距離はおおむね60キロ~300キロ以内」とするなど9項目にわたる移転先の選定基準や、20世紀中に着工し2010年には新首都での国会開催をめざすこと

---

12) 『朝日新聞』1995年6月30日付朝刊。
13) 『朝日新聞』1995年7月1日付朝刊。

などを盛り込んだ首都移転の最終報告書が、村山首相に提出された。

これに対して東京都議会は首都機能移転に反対する決議を全会一致で採択し、青島幸男都知事が池端清一国土庁長官に首都機能の移転に慎重に対応するよう求める要望書を手渡すなど、国の動きに真っ向から対抗した。1996年4月には与党3党と新進党が国会など首都機能移転の具体化に向けた国会等移転法改正案を共同提案する方向で基本的に合意したが、これに対しても同年5月に7都県市首脳会議が首都機能移転を進める国会等移転法の改正案提出の動きに反対する意見書を採択した。

その後、自民党内で議論が始まる。1996年5月に東京都連も定期大会で「首都移転に反対する特別宣言」を採択したのに対して、翌6月には橋本龍太郎首相自らが、自民党行政改革推進本部の水野清本部長や同党東京都連の深谷隆司会長らに対して国会への国会等移転法改正案の提出を強く要請した。そして、移転先を選定するための審議会の設置を認める一方、移転先決定後に東京との優劣を改めて比較したり移転対象を国会とその関連行政・司法組織に絞るなど、移転の規模を限定する方向で国会等移転法改正案を修正することで自民党内で一致を見たものの、連立与党の社民党とさきがけが「3党合意や現行法よりも移転の姿勢が後退している」としてこの修正案に反対したため再度修正がなされた。そして、ようやく連立与党と新進党によって、国会等移転審議会を首相の諮問機関として設置することを柱とした国会等移転法改正案が共同で議員提案され、成立した。

ここから、移転反対派たる東京都を中心としたアクターは反転攻勢に出る。1996年6月、青島都知事が政党や国会議員への要請行動を始め、東京商工会議所も首都移転に反対する立場を鮮明にした。8月には首都機能の移転反対を唱う東京都内の地方議員が党派を超えて結集した「全都大会」が、11月には首都機能移転に反対するシンポジウムが、それぞれ開かれるなど、首都機能移転に反対する人々は一致団結して行動を続けた。

それに対して首都機能移転を進める国政レベルにおいて足並みの乱れが見え始めた。1996年12月に国会等移転審議会が初会合をもったが、1997年5月に中曽根康弘元首相が財政再建の観点から首都移転に関する論議を先送りすべきとの考えを示したのに続いて、梶山静六官房長官も、首都機能移転計

画と首相官邸の建て替え計画について少なくとも2000年度までの財政再建の集中改革期間中は凍結すべきだとの考えを表明した。伊藤公介国土庁長官は、2001年頃に新都市建設に着手するとの当初計画を見直し、着工が2003年以降になるとの見通しを明らかにし、これ以降首都機能移転論は政権内部では急速にしぼんでいった。

1997年7月に、国会等移転審議会が首都機能移転費用の新試算値が当初試算よりも1.7兆円少なくなると発表したものの、それでも首都機能移転に対する熱意の下がりようは隠せなかった。1998年には首都機能移転先の候補地11地域に対する意見聴取や現地調査が行われたものの、当の国会等移転審議会について平岩外四が会長を、有馬朗人や堺屋太一が委員をそれぞれ辞任するなど、国会等移転に関する旗振り役が十全にその役割を果たせない状況が続いた。

1999年になると、新しく都知事に就任した石原慎太郎が、首都圏サミットによる首都機能移転についての「十分な議論」を求める意見とは別に、首都機能の地方への移転に明確に反対するコメントをわざわざ発表し、同年11月には衆議院の「国会等の移転に関する特別委員会」の新旧の委員ら34人に対して移転についての考え方を尋ねる質問状を送ったことを明らかにした。このような都知事の強硬な行動に対して、国会等移転審議会は「福島県阿武隈・栃木県那須」と「岐阜県東濃・愛知県西三河北部」を適当な移転先候補地とし、「三重・畿央」も条件付きで候補地となりうるとする答申を12月に小渕恵三首相に提出したが、すでにその前の10月には東京都選出の超党派の国会議員による「首都移転に断固反対する国会議員懇談会」が発足し、また国会等移転先候補地とされた各地域の間の対立が激化するなど、実質的に国会等の移転を一致団結して進めることは困難になった。2000年5月に衆院国会等移転特別委員会が2年以内をめどに3候補地を1カ所に絞り込み、結論を得ることができるよう検討すべきだと決議したものの、3年後の2003年5月、候補地の絞り込みを断念した中間報告を自民・公明・保守の与党3党と民主・自由・社民各党による賛成多数で承認し、これによって首都機能移転論は事実上ストップすることとなった。

2　韓国の首都機能移転をめぐる政治過程

　韓国で首都機能移転が最初に提起されたのは、1971年大統領選挙で当時新民党大統領候補者であった金大中の公約からである。以後しばらく水面下にあった首都機能移転問題は、1977年当時の朴正熙大統領がソウル特別市を訪問したときに臨時行政首都建設構想を発表してから本格化する。1977年7月23日「臨時行政首都建設特別法」が成立し、1979年5月14日には「行政首都建設のための総合報告書」が大統領へ提出された。この報告書には1982年から1996年までの建設の日程が示されていた。しかし、1979年10月26日、朴大統領の死去でこの動きは中断される。

　その後、韓国社会の一極集中問題は、国土の深刻な地域的不均衡と地域対立を引き起こした。市民団体が地方分権運動を主導し、その中でも2002年11月に誕生した有力な全国組織「地域均整発展と民主的地方自治のための地方分権国民運動」が、機関委任事務の廃止や地方税源の拡大などと並んで、中央省庁および行政首都の地方への移転をアジェンダとして掲げた。また、これとは別に、全国市道知事協議会や全国市道議会議長協議会、全国市長郡守区長協議会、全国市郡区議会議長協議会といった地方公共団体側が主導した地方分権運動もほぼ同時期に盛んになり、先の「地方分権国民運動」と協力し合って「地方分権特別法案」を作成している。

　このような動きもあって、首都移転問題への対応は国政の最大の課題となった。2002年大統領選挙の最大争点は、当時民主党候補者の盧武鉉が提起した首都機能移転であった。盧武鉉は、行政首都を忠清地域へ移転する公約を発表し、その実践意思を示すため、国民協約書を作成・発表した。また、対立候補のうちの1人の李会昌もまた、中央省庁の地方への移転を公約に掲げていた。

　盧武鉉が大統領へ就任してからは、「政府革新地方分権委員会」を設置し、そこで地方分権に関する特別法案の内容を作り上げた。そのうちの1つ、「新行政首都建設特別法」案は2003年7月24日公聴会を実施、10月15日国務会議で議決し、2003年秋の定期国会へ提出された。この「新行政首都建設特別法」案では、新行政首都を忠清地域へ移転することが明示され、建設基本計画・開発計画の樹立などを担当する推進委員会の設置、新行政首都

建設事業を財政的に支援するための特別会計の設置などが規定された。また、この法案と同時に、首都機能移転を支援する「地域均等発展特別法」案や「地方分権特別法」案も国務会議で議決された。

この「新行政首都建設特別法」案に対しては、ハンナラ党やソウル、仁川、京畿など首都圏地域の市道知事や政治家たちが反対していたが、最終的にハンナラ党も賛成に回り、同年12月に可決された[14]。

2004年8月に行政機関の移転計画および建設基本計画が確定し、燕岐・公州地域へ確定した。しかし、2004年10月、韓国の憲法裁判所が、「新行政首都建設特別法」の首都規定は慣習憲法事項であり、首都移転には憲法改正手続きが必要であるから、この「新行政首都建設特別法」は憲法違反であるという判決を下した。この憲法裁判所の判決によって政府は、2004年11月と12月に対策委員会を設置した。国会にも特別委員会が設置された。2005年2月国会で新行政首都移転の対策として「行政機能が中心となる自立型都市建設」と行政機関の移転範囲に関する与野党合意がなされた。

2005年3月、「行政中心複合都市特別法」が成立し、2005年10月、中央行政機関の移転計画が樹立、基本計画は2006年7月、開発計画は2006年11月に定められ、2007年7月から、「行政中心複合都市」の建設が始まった。2007年12月大統領選挙で政権交代が行われ、李明博政府が誕生するが、新政府は、「行政中心複合都市」計画案の修正を推進し、2010年1月修正案を発表した。李明博政府の修正案が6月29日国会で否決されたため、2010年8月20日中央行政機関等の移転計画が変更され、国会で「世宗特別自治市設置に関する特別法」の制定が行われ、行政機関移転のための制度整備が完了した。そして、2012年7月から世宗特別自治市が自治団体としてスタートし、2012年9月15日に国務総理室が世宗特別自治市へ移転したのである。この後2014年へかけて36の中央省庁機関が移転され、16の国策研究機関の移転が行われている。この「行政中心複合都市特別法」にもとづいた行政機関の移転によって、1万2千人程度の公務員とその家族が移住するのをは

---

14) 地方分権運動から「新行政首都特別措置法」成立までの経緯については、金台鎬（2006）に拠った。

じめ、2030年までに人口30万の世宗特別自治市ができあがる予定である。

たしかに、2004年憲法裁判所が「憲法違反」の判決を言い渡したとき、与党民主党と大統領は政治的危機に直面した。憲法裁判所による大統領と与党の政策推進に対する不信任は、政治的な危機状況を映していた。盧武鉉大統領の強い政策的意志を信じてきた忠清地域住民は、行政首都移転がなされないのではと不信感をもつ状況へと変化した。首都機能移転と関連して与党ウリ党は賛成、野党のハンナラ党は反対の立場をとった。野党ハンナラ党の首都圏議員は首都移転に反対しており、忠清地域住民は与野党へ不信感をもつようになった。そこで、盧武鉉大統領は、首都移転ではなく、行政機関が移転する行政都市移転へ政策の方向転換を行った。これを踏まえて与野党は、国会で行政都市移転に関する「行政中心複合都市特別法」を成立させた。この法律の成立は、与野党間の合意によるものであるが、野党ハンナラ党の首都圏議員は反対し、党の分裂と指導部の不信任など組織の深刻な危機状況が発生した。

首都機能移転をめぐり自治団体の動きも賛成と反対の立場を明確にしていた。ソウル市は首都機能移転に反対する署名運動を展開した。また、首都機能移転に反対するデモを組織・支援する運動を繰り広げた。ソウル市は、首都機能移転へ反対する集会へ予算を支援するなど反対行動をとった。与党民主党は、そこで李明博市長（当時）に対して非難と政治的攻撃を行うなど対応することで、この難局を乗り越えたのである。もちろん移転地域の忠清地域は、行政機能移転に賛成し、一連の過程で圧力を行使し、積極的に政治的な意思を表していた。

3　分析

これまで見てきたように、日本と韓国とでは、首都機能移転に関する議論の展開のあり方が大きく異なる。

日本では、中央政府が首都機能移転論の旗振り役であった。それも内閣総理大臣によって議論に火がついた形で、それが各政党レベルで、さらには国会レベルで、展開されるようになった。財界も1990年代の首都機能移転論においては協力的であり、各種審議会や懇談会等で、政府における議論を支

えた。

　それに対して一枚岩で立ちはだかったのが、首都圏それも東京都を中心とする地方政府であった。東京都議会が首都機能移転に反対する決議を採択したほか、首都圏サミットが繰り返されて首都機能に関する議論を慎重に行うよう幾度となく声明を出した。

　そして、首都機能移転に反対を唱えた勢力の中でも東京都知事は傑出した存在であったことが、政治過程を追う中で明らかになった。鈴木、青島、石原の３代にわたって、常に首都機能移転には慎重もしくは反対の姿勢を崩さず、石原に至っては東京都議会だけでなく東京都選出国会議員をも自らの陣営に組み込むことができた。

　他方で、新首都を呼び込みたい自治体の首長の影は非常に薄かった。また、移転先候補地とされた地域が互いに自己の地域の優位性を主張することに熱意が割かれ、首都機能の移転を求めて一致団結して行動することができなかった。さらに、政権内部でも足並みの乱れが見られるようになり、結果として首都機能の移転は頓挫するに至ったのである。

　このように見てくると、日本では、首都機能移転に関する議論について、首都圏の自治体の中でも東京都の政治的影響力が非常に強かったことがわかる。たしかに首都機能にかかる財源をどうするかという問題とリンクされたことが、この議論を収束に至らせたことは否定できない。しかしながら、東京都が再三にわたって首都機能移転にかかる費用と効果を算出し、公表してきたことからもわかるように、東京都のアピール力が非常に大きなものであったことは、認められてしかるべきであろう。そして、このような費用の試算をさせるのも東京都知事の指示があったからこそである。対内的には都政に対する執行権を担い、対外的には首都のリーダーとして振る舞う、そのような存在感の大きさを示すことができるのも、前節で述べたように相対的に大きな政治的影響力をもてる制度配置の中に地方首長が位置づけられているからである。また、現状（Status Quo）を維持する力と現状からの制度変更のために必要な力という観点を視野に入れた場合、他地域の首長に比べて首都の首長がより大きな影響力をもてたのも必然であった。

　韓国の場合は、首都機能移転の政治的なプロセスの中で大統領の政治的影

響力が非常に強かったことがわかる。盧武鉉大統領は、2002年大統領選挙で政権公約として首都機能移転を政治争点化し、大統領の任期内に国政の最大課題の1つとして推進した。中央―地方の均等な発展と地方への分権化、国の均等な成長と分配を通じた国家競争力の強化などを国政運営の理念として掲げた。韓国政治では大統領選挙の重要公約は政権の重点政策と化す場合が多い。盧武鉉大統領にとって首都機能移転は、国土の均等発展と分権化、国家としての競争力の強化を実現する政策として認識されていた。このような性格から大統領自らが積極的に首都機能移転を推進した。

2004年憲法裁判所によって「憲法違反」判決が出されたとき、政策の方向転換を行ったのも、大統領の政策意思と深く関連していると思われる。大統領の政権公約が実現可能だったのは、韓国の議会―大統領の関係とも関連している。韓国政治において、大統領は議会に対して優位であるのがわかる。特に与党の場合、大統領が議会の政策と戦略に対して大きな影響力をもっている。次期大統領選挙への影響力などを考えると、その政治的な影響力はより大きくなる。

また、行政首都の移転地域である忠清地域は、組織的に誘致運動を展開した。韓国政治は地域主義によって左右されるところが多い。全羅道と慶尚道間の対立の中で忠清道地域はキャスティングボートの役割をしてきたが、そのような政治勢力関係の中で大きな政治的な影響力を発揮した。もちろんソウル市の場合も、さまざまな形で首都機能移転に対する反対運動を展開した。日本の事例からわかるように、特にソウル市長の政治的影響力と役割は非常に大きい。首長―議会関係で相対的に大きな政治的影響力をもてる制度配置の中に地方首長が位置づけられているからである。

だが、首都圏地域の政治家の影響力は限定されていた。盧武鉉政権期において野党であったハンナラ党は、首都圏地域の政治家を巻き込んだ反対運動を大々的に行うことができなかった。むしろ、首都機能の移転への反対運動が盛り上がったのは、新行政首都建設特別法が制定された翌2004年6月に、盧武鉉政権が国家機関85部署を2012年から3年間で移転するとの計画を発表した後だったのである。

もちろん、日本と韓国とでは、財政的な困難さという点で大きな乖離があ

る。日本の中央政府の債務残高がGDP比106.1％（2000年）であるのに対し、韓国のそれは高いときでも32.9％（2009年）である[15]。しかしながら、韓国でも首都機能移転にかかる費用が多額に上ることが明らかになってから反対運動が盛り上がったことからもわかるように、日韓双方の国にとって、財政的な問題は大きなハードルとなっていたのである。

　このように考えると、結局のところ行き着くのはやはり、各アクターのもつ the size of the prize の大きさである。日本では、地方首長とりわけ東京都知事に与えられた the size of the prize が、中央政府のアクターに比して相対的に大きかったことが、首都機能移転の阻止につながったといえよう。それに対して韓国では、大統領の有する the size of the prize が大きかった。もともと地方分権に強い関心をもつ盧武鉉が、国務会議において「地方分権特別法」案などとともに「新行政首都建設特別法」案を議決させ、それを国会に提出して可決させることに成功したことが、何よりも決定的に重要である。首都圏の首長や政治家たちは、大統領の前には無力だったのである。

おわりに

　本章では、比較政治制度論の視角を用いて、日韓両国における首都機能移転にまつわる政治過程を分析した。具体的な手順は次のとおりである。まず、首都機能移転に関わるアクターとして、国政レベルにおける執政権者（日本なら内閣総理大臣、韓国なら大統領）と立法権者（国会）、地方レベルにおける執政権者（首長）と立法権者（地方議会）を同定し、この4者をとりまく制度権限配置から影響力関係のあり方を予測した。日本と韓国を比較した結果、相対的に、日本では地方首長が影響力を行使しやすい環境にあるのに対して、韓国では大統領が議論を主導しやすい状況にあることが確認できた。そこで、この予測を検証すべく、日韓両国の首都機能移転議論の展開を追い、日本では東京都知事の影響力が非常に大きかったことを明らかにし、本章における理論的予測が正しかったことを裏づけることができた。

---

15) OECDデータに依拠した。

本章の意義は次の点にある。1つは、比較政治制度論の有効性が首都機能移転の政治過程においても確認できたことである。建林・曽我・待鳥（2008：49）によれば、比較政治制度論、中でも本章も下地としている合理的選択制度論の強みは、「ある制度が政治アクターのいかなる戦略的行動を引き起こすかを予測することができ、そのためにどのような政治的帰結が生じるのかを明快に論じられる」点にある。本章でもその流れに棹さして分析を行ったが、制度設計のあり方は現実政治にも多大な影響を及ぼすことを改めて理解できたことは、意義深いことだといえるであろう。

　第2に、これと関連して、日本における地方自治体の首長の「強さ」を明らかにできた点である。議会内の多数党に基盤を置く内閣総理大臣とは異なり、直接的には選出母体となる有権者に権力の源泉を有する首長は、フリーハンドで行動する余地が非常に大きいことが本章の分析から確認された。

　残された課題として考えられるのは、1つは、本章で導出した仮説が他の事例に適用できるかどうかである。今回は首都機能移転に関する政治過程を取り扱ったが、日本と韓国両国の間で比較しうる事例を選び両者の政治制度の有する制度的類似性と相違性を明らかにする努力は、今後も続けていかなければならないだろう。

　合わせて、各国の中央―地方関係を比較するための理論枠組みの構築も必要である。本章では全政府の歳出に占める地方政府の歳出割合によって中央集権の程度を示す指標としたが、両国の地方政府が制度上置かれている環境を示すための方法を探っていかねばならないといえよう。

　いずれにせよ、日韓両国の政治制度を比較することは、さまざまな知見を日韓双方の研究者に与えてくれることは紛れもない事実であろう。今後も両国を同じ視角から比較する研究が増え、またできることならば今後もこのような作業に携わっていきたいと筆者たちは願っている。

＜参考文献＞
【日本語】
浅羽祐樹．2009．「選挙制度の影響」山田真裕・飯田健編著『投票行動研究のフロンティア』おうふう．

―――――．2010．「韓国の大統領制――強い大統領と弱い政府の間」粕谷祐子編著『アジアにおける大統領の比較政治学』ミネルヴァ書房．

―――――．2011．「韓国における政党システムの変容」岩崎正洋編著『政党システムの理論と実際』おうふう．

市川宏雄．1998．「首都機能移転の論拠とその不確定性」『政經論叢』66 巻 5-6 号：25-55．

大坂健．2002．『首都移転論』日本経済評論社．

粕谷祐子．2010．「アジアにおける大統領・議会関係の分析枠組み」粕谷祐子編著『アジアにおける大統領の比較政治学』ミネルヴァ書房．

金台鎬．2006．「地方分権の政治力学」服部民夫・張達重編『日韓政治社会の比較分析』慶應義塾大学出版会．

玄大松．2009．「政策決定過程の日韓比較」『東洋文化研究所紀要』155：290-266．

自治省（平成 13 年版からは総務省）編『地方財政白書』平成 3 年版―平成 13 年版．

建林正彦・曽我謙悟・待鳥聡史．2008．『比較政治制度論』有斐閣アルマ．

建林正彦．2006．「政権政党の組織的特徴」服部民夫・張達重編著『日韓政治社会の比較分析』慶應義塾大学出版会．

趙昌鉉著（阪堂博之・阪堂千津子訳）．2007．『現代韓国の地方自治』法政大学出版局．

辻陽．2002．「日本の地方制度における首長と議会との関係についての一考察」（一）・（二・完）『法学論叢』第 151 巻第 6 号：99-119 および第 152 巻第 2 号：107-135．

【英　語】

Chhibber, Pradeep K. and Ken Kollman. 2004. *The Formation of National Party Systems: Federalism and Party Competition in Canada, Great Britain, India and the United States*. Princeton, NJ: Princeton University Press.

Hicken, Allen. 2009. *Building Party Systems in Developing Democracies*. New York: Cambridge University Press.

Hicken, Allen and Heather Stoll. 2008. "Electoral Rules and the Size of the Prize: How Political Institutions Shape Party Systems," *The Journal of Politics* 70: 1109-1127.

Mainwaring, Scot and Matthew Soberg Shugart. 1997. *Presidentialism and Democracy in Latin America*. Cambridge: Cambridge University Press.

Samuels, David J. and Matthew Soberg Shugart. 2010. *Presidents, Parties, and Prime Ministers*. New York: Cambridge University Press.

Shugart, Matthew Soberg and John M. Carey. 1992. *Presidents and Assemblies: Constitutional Design and Electoral Dynamics*. Cambridge: Cambridge University Press.

索　引

あ行

青島幸男　172, 177
安倍晋三　2, 43, 48, 65, 67
石原慎太郎　173, 177
（政党の）一体性　13, 14, 17-19, 22-24, 28, 31-33, 35-39
イデオロギー　16, 19, 21, 22, 26, 29-32, 34-37, 39, 132
李明博　2, 43, 51, 52, 96, 102, 103, 153, 175, 176
ウェストミンスター型（議員内閣制）　9, 21, 81, 84
ウリ党　51, 52, 61, 73, 74, 123, 125, 129, 131, 140, 176
小沢一郎　49
小渕恵三　48, 99, 173

か行

海部俊樹　169
官邸主導　93-95, 107
管直人　43, 48, 49, 65, 67
議院内閣制　8, 10, 16-18, 20, 22, 25, 28, 31, 33, 36, 38, 45, 46, 53, 56, 58, 61, 63, 73, 75, 81, 82, 84-86, 88, 91, 104, 107, 157-159, 162, 163, 166
議会制度　44, 45, 58, 75
議会内政党　13, 14, 22, 23, 28, 30-34
金泳三　51, 59, 72, 73, 92, 96, 102, 119
金鍾泌　52, 59, 72, 73, 102
金大中　43, 50-52, 59, 61, 62, 72, 73, 92, 96, 102, 174
拒否権　54, 62, 67, 68
（政党の）凝集性　18, 22, 23, 26, 32, 37
（政党の）規律　18, 22, 23, 30, 33, 39, 59, 62, 63
経済財政諮問会議　90
憲法裁判所　153, 157
小泉純一郎　48, 67, 90, 93, 94, 99, 105, 106, 130
合意型民主主義　136, 137
公明党　48-50, 64, 65, 126, 169, 170, 173
個人投票　55

さ行

参議院　7, 43, 47-49, 54-58, 63-69, 75, 138-140, 142, 143
執政制度　4, 6, 8, 16-20, 22, 23, 31, 38, 39, 45, 46, 56, 75, 83, 91, 103, 107, 157, 163
執政中枢　76
地盤　119, 121
自民党（自由民主党）　24, 26, 43, 47-49, 64, 65, 69, 120-123, 126, 127, 132, 169-173
自由先進党　29, 30, 34, 36, 125
首都機能移転　10, 153-157, 161, 167-180
小選挙区比例代表並立制　5, 7, 20, 27, 31, 38, 55, 98, 112, 114-118, 146, 147, 163
新制度論　44, 75, 76
親朴連帯　29, 30, 34, 36, 125
鈴木俊一　169, 170, 177
政治制度　44, 47, 50
　マルチレベルの——　44, 75, 76
政治腐敗　120
政党システム（制度）　5, 6, 15, 44, 55, 75, 85
政党組織　15, 17, 18, 27, 58, 61, 85
政党投票　55
制度的均衡　3, 5
責任総理制　92
セヌリ党　3, 53, 125
選挙制度　4, 6-10, 16-20, 22, 23, 25, 26, 31, 38, 39, 44, 47, 54, 55, 57, 58, 62, 73, 75, 76, 85, 104, 111-115, 117, 118, 122, 125, 127, 128, 133-135, 144, 146, 147, 157, 162, 166

た行

代議制民主主義　111, 114

183

大統領制	6, 16, 17, 21, 23, 28, 31, 32, 38, 45, 56, 58-61, 70, 71, 73-75, 81, 82, 84, 87, 91, 100, 107, 154, 157, 158, 162-165
大統領秘書室	90, 92, 93, 96, 97, 105
竹下登	168
多数代表型民主主義	136, 137
地域主義	73
地方委譲促進法	160
地方分権一括法	159, 160
中選挙区制	7, 10, 19, 58, 104, 117, 120-122, 129, 130, 133, 134, 163
全斗煥	50, 70
統合政府	44, 45, 47, 48, 50-53, 61-68, 71-74, 76
統合民主党	30, 34-36, 125

な行

内閣官房	90, 93-95, 105
中曽根康弘	172
二院制	44-46, 53-56, 58, 63, 75
二元代表制	5-7, 9, 21, 23, 38, 100, 163
二重の民主的正統性	45, 59, 62
二大政党化	118
二大政党制	7, 10, 15, 44, 55, 75, 122, 130, 134, 137, 147
ねじれ（国会）	5, 43, 44, 46, 49, 53, 56-58, 63, 75, 76
野田佳彦	48, 65, 66
盧泰愚	43, 50, 51, 72, 73, 96
盧武鉉	29, 33, 43, 51, 52, 59, 62, 73, 83, 92, 96, 100, 102, 107, 125, 129, 154, 156, 174, 176, 178, 179

は行

敗者の同意	135
派閥	104, 112, 119, 121
朴槿恵	2, 43, 51, 53, 97, 103
朴正熙	70, 119, 174
橋本龍太郎	172
鳩山由紀夫	48, 65, 67
ハンナラ党	29, 30, 34-36, 39, 51-53, 72-74, 100, 123, 125, 131, 175, 176, 178
比較政治制度論	14, 16, 18, 39, 107, 180
分割政府	9, 43-52, 56, 58-65, 67-69, 71-76, 85

ま行

宮沢喜一	170
民主自由党	50-52, 61, 72, 73
民主党	24, 26, 43, 48, 49, 64-67, 69, 126, 127, 132, 140
民主労働党	30, 34-36, 123-125, 129, 131, 132
村山富市	171, 172
目的の分立	84, 98, 104, 107

や行

与小野大	43, 44, 50, 59, 62, 71-73, 75, 76, 101, 164
与大野小	43, 70-72, 101

ら行

李承晩	70
ローズ方式	127

英数字

1次的選挙	57, 67
1人2票制	112, 114-116, 118, 120, 123, 125-134
2次的選挙	57, 67
the size of the prize	158, 159, 179

執筆者紹介（執筆順。＊は編者、〔　〕内は担当章）

田眞英（ちょん じにょん／Jeon, Jin Young）〔第 1 章〕
　国会立法調査処政治議会チーム立法調査研究官。ソウル大学校大学院社会科学大学政治学科博士課程修了、博士（政治学）。主要業績：「国会議員女性割り当て制採択の政治的動因分析」『韓国政治研究』第 22 集第 1 号（2013 年）、「国会議員代表類型による政策的関心と影響力の差異分析」『韓国政治研究』第 23 集第 2 号（2014 年）、「国会院内指導部の立法影響力分析」『韓国政党学会報』13 巻 2 号（2014 年）、ほか。

待鳥聡史（まちどり さとし）〔第 1 章〕
　京都大学大学院法学研究科教授。京都大学大学院法学研究科博士後期課程退学、博士（法学）。主要業績：『比較政治制度論』（共著、有斐閣、2008 年）、『〈代表〉と〈統治〉のアメリカ政治』（講談社、2009 年）、『首相政治の制度分析―現代日本政治の権力基盤形式』（千倉書房、2012 年）、ほか。

康元澤＊（かん うぉんてく／Kang, Won-Taek）〔序論・第 2 章〕
　ソウル大学校政治外交学部教授。ロンドン・スクール・オブ・エコノミクス（LSE）大学院修了、博士（政治学）。主要業績：『韓国選挙政治の変化と持続』（ナナム出版、2010 年）、『統一以後の韓国民主主義』（ナナム出版、2011 年）、「韓国選挙における『階級背反投票』と社会階層」『韓国政党学会報』12 巻 3 号（2013 年）、ほか。

浅羽祐樹＊（あさば ゆうき）〔序論・第 2 章〕
　新潟県立大学国際地域学部教授（2015 年 4 月〜）。ソウル大学校社会科学大学政治学科博士課程修了、博士（政治学）。主要業績：『韓国化する日本、日本化する韓国』（講談社、2015 年）、「韓国の政治と外交―秩序構成の重層的リベラル相関」山本吉宣・黒田俊郎編『国際地域学の展開―国際社会・地域・国家を総合的にとらえる』（明石書店、2015 年）、"Korean Parliamentary Politics," Takashi Inoguchi（ed.）, *Japanese and Korean Politics: Alone and Apart from Each Other*（Palgrave Macmillan, 2015）、ほか。

賈尙埈（か さんじゅん／Ka, Sangjoon）〔第 3 章〕
　檀國大学校政治外交学科副教授。ニューヨーク州立大学大学院修了、博士（政治学）。主要業績：『アメリカ政府と政治 2』（オルム出版社、2013 年）、「韓国国会は両極化しているのか」『議政論叢』9 巻 2 号（2014 年）、「政権別韓国公共紛争の現況と趨勢」『韓国行政研究』23 巻 3 号（2014 年）、「2012 年アメリカ大統領選挙結果分析」『東西研究』26 巻 3 号（2014 年）、ほか。

西野純也（にしの じゅんや）〔第 3 章〕
　慶應義塾大学法学部准教授。慶應義塾大学大学院法学研究科博士課程単位取得退学、延世大学大学院博士課程修了、博士（政治学）。主要業績：『転換期の東アジアと北朝鮮問題』（共編著、慶應義塾大学出版会、2012 年）、『現代韓国を学ぶ――もっと知ろう韓国』（共著、有斐閣、2012 年）、『朝鮮半島の秩序再編』（共編著、慶應義塾大学出版会、2013 年）、ほか。

趙眞晩（ちょ じんまん／Cho, Jinman）〔第 4 章〕
　德成女子大学政治外交学科助教授。延世大学大学院博士課程修了、博士（政治学）。主要業績：『牽制と均衡：人事聴聞会の現在と未来を語る』（共著、ソネスト、2013 年）、「韓国有権者の福祉－税金態度の決定要因分析」『21 世紀政治学会報』第 23 集 3 号（2014 年）、「選挙世論調査制度の争点と改善方案」『選挙研究』第 5 号（2014 年）、ほか。

飯田健（いいだ たけし）〔第 4 章〕
　同志社大学法学部准教授。テキサス大学オースティン校大学院政治学博士課程修了、Ph.D.（Government）。主要業績：『投票行動研究のフロンティア』（共編著、おうふう、2009 年）、『2009 年、なぜ政権交代だったのか――読売・早稲田の共同調査で読みとく日本政治の転換』（共著、勁草書房、2009 年）、『計量政治分析』（共立出版、2013 年）、ほか。

高選圭*（こ そんぎゅ／Go, Seon Gyu）〔序論・第 5 章〕
　選挙研修院教授。東北大学大学院情報科学博士課程修了、博士（情報科学）。主要業績：『選挙管理の政治学』（共著、有斐閣、2013 年）、『被災地から考える日本の選挙』（共著、東北大学出版会、2013 年）、『ネット選挙が変える政治と社会――日米韓に見る新たな「公共圏」の姿』（共著、慶應義塾大学出版会、2013 年）、ほか。

辻　陽（つじ あきら）〔第 5 章〕
　近畿大学法学部准教授。京都大学大学院法学研究科博士課程中退、修士（法学）。主要業績：「日本の地方制度における首長と議会との関係についての一考察」（一）・（二・完）『法学論叢』第 151 巻第 6 号、第 152 巻第 2 号（2002 年 9 月・11 月）、「政界再編と地方議会会派―「系列」は生きているのか」『選挙研究』第 24 巻第 1 号（2008 年 10 月）、『戦後日本地方政治史論―二元代表制の立体的分析』（木鐸社、2015 年）、ほか。

KEIO Center for Contemporary Korean Studies

慶應義塾大学東アジア研究所・現代韓国研究シリーズ
日韓政治制度比較

2015 年 3 月 31 日　初版第 1 刷発行

編著者─────康元澤・浅羽祐樹・高選圭
発行者─────坂上　弘
発行所─────慶應義塾大学出版会株式会社
　　　　　　　〒108-8346　東京都港区三田 2-19-30
　　　　　　　TEL〔編集部〕03-3451-0931
　　　　　　　　　〔営業部〕03-3451-3584〈ご注文〉
　　　　　　　　　〔　〃　〕03-3451-6926
　　　　　　　FAX〔営業部〕03-3451-3122
　　　　　　　振替　00190-8-155497
　　　　　　　http://www.keio-up.co.jp/
装　丁─────鈴木　衛（写真提供：参議院事務局、韓国観光公社）
印刷・製本──株式会社加藤文明社
カバー印刷──株式会社太平印刷社

Ⓒ 2015　Won-Taek Kang, Yuki Asaba, Seon Gyu Go
Printed in Japan　ISBN978-4-7664-2119-4

慶應義塾大学出版会

慶應義塾大学東アジア研究所　現代韓国研究シリーズ

韓国の少子高齢化と格差社会
日韓比較の視座から

春木育美・薛東勲編著　少子高齢化、経済格差の深化、移民の増大による多民族・多文化社会への変貌。韓国は先進国へと飛躍する一方で、新たな社会問題に直面している。日韓に共通する社会的課題を分析し問題提起を行う。　◎3,800円

転換期の東アジアと北朝鮮問題

小此木政夫・文正仁・西野純也編著　2008年以降の朝鮮半島をめぐる関係各国の動向に焦点を当て、金正恩体制後の今後を展望するとともに、新しい地域秩序の構築をめぐる取り組みについて考察する。　◎3,800円

表示価格は刊行時の本体価格(税別)です。